语文读出来

不同文体的朗读教学

陆智强 著

长江出版传媒 长江文艺出版社

图书在版编目（CIP）数据

语文读出来：不同文体的朗读教学 / 陆智强著. --
武汉：长江文艺出版社，2021.10(2024.11 重印)
（大教育书系）
ISBN 978-7-5702-2251-3

Ⅰ．①语… Ⅱ．①陆… Ⅲ．①阅读课－教学研究－小
学 Ⅳ．①G623.233

中国版本图书馆 CIP 数据核字(2021)第 130051 号

语文读出来：不同文体的朗读教学
YUWEN DU CHULAI : BUTONG WENTI DE LANGDU JIAOXUE

责任编辑：施柳柳	责任校对：程华清
封面设计：天行健设计	责任印制：邱　莉　丁　涛

出版：长江出版传媒 长江文艺出版社
地址：武汉市雄楚大街 268 号　　　邮编：430070
发行：长江文艺出版社
http://www.cjlap.com
印刷：武汉中科兴业印务有限公司

开本：710 毫米×970 毫米　　　1/16　　印张：17.25
版次：2021 年 10 月第 1 版　　　2024 年 11 月第 2 次印刷
字数：224 千字

定价：45.00 元

自序

朗读，语文课生命的节拍

朗读教学，是语文教学的根本大法。《义务教育语文课程标准（2011年版）》明确规定了各个学段的阅读教学都要重视朗读，并在学段目标与内容及实施建议中对朗读教学做了清晰的表述。崔峦老师曾说："朗读教学，要体现这样的过程：由读得不完全正确到读正确，读得不顺到读得通顺、流利，读得平淡到读出感情。"叶圣陶先生则把朗读称为美读，他说："所谓美读，就是把作者的感情在读的时候传达出来，这无非如孟子所说的'以意逆志'，设身处地，激昂处还他个激昂，委婉处还他个委婉，诸如此类。"由此可见，朗读教学就是运用朗读这一教学策略达成阅读教学目标的手段。即在朗读教学中培养儿童语感，发展儿童思维，提高儿童思想道德修养和审美情趣。

然而，当下朗读教学正处在窘境。正如特级教师薛法根老师在《尴尬的朗读教学》中所言：听了不少语文课，发现哪一堂都少不了朗读。个别读、齐读、分角色读、表演读，范读、引读、以问促读……花样繁多的朗读方法让语文课书声琅琅，甚是热闹。然而令人困惑的是，尽管学生以各种形式，就某一段文字反复进行朗读，结果除了读得熟练些，几乎看不到变化，学生原来怎么读，现在还是怎么读。尤其是那些"读书腔"，你再怎么教怎么练，都少有见效。薛老师一针见血地指出如今小学语文课堂中朗读教学的现状，"读不好，不会教"这成为朗读教学中亟待解决的问题。不教不行，教了没用，朗读教学俨然成了一根鸡肋。

于永正老师执教的《火烧圆明园》、闫学老师执教的《我的伯父鲁迅先生》、王崧舟老师执教的《长相思》《慈母情深》、窦桂梅老师执教的《卖火柴的小女孩》、薛法根老师执教的《火烧云》……这些课在全国范围引起强烈的反响，尤其是课堂上学生琅琅书声让每一位听课老师叹为观止。纵观前辈们的课堂，他们的朗读教学没有矫揉造作，没有太多技巧的指导，有的只是师生之间水到渠成的情动辞发。每一处的朗读都是在学生热情高涨之下的顺势而为，将朗读变品读，带领儿童在品读中一次次接近作者所要表达的内核。王崧舟老师在教学《慈母情深》时，各式各样的朗读高达四十四次。为什么要反复朗读？显然，每一次朗读都承担着不同的功能，从言到意，从意到象，有条不紊，循序渐进。所以，一而再再而三的朗读并没有使学生厌倦，而是有着反反复复的沉醉与享受。我想，这大概就是我一直所向往的朗读教学，这就是我梦寐以求的语文课。

于是，我开始在自己的课堂上实践着。我常常思索，课堂上儿童每一次朗读的目的与意义何在？如何将朗读指导做到适切、精巧和得体？在这个过程中，答案渐渐地在我眼前明亮起来：朗读，往往创造出语文课堂的美好境界。如果说童话、寓言、儿童诗、散文、神话、小说、说明文是一朵朵含苞待放的花骨朵，那么朗读就像是雨露，就像是阳光，不断滋养它们，不断呵护它们，使一朵朵花苞竞相开放，芬芳扑鼻。

例如，在儿童诗教学中，通过阶梯式朗读、想象式朗读、比较式朗读、情境式朗读，带领儿童读准字音和节奏，建构画面和意境，发现表达的秘密，增进情感的共鸣。让学生的真实情感得以积蓄，最后自然而然地迸发，而不是抽象地呼喊。再比如，朗读在小说教学中具有举足轻重的作用。在教学中，教师应抓住小说的三要素，通过有声语言展现出栩栩如生的人物形象，表现出人物的细腻情感和内心世界。同时，用小说中的自然环境和社会环境进行烘托，营造"未成曲调先有情"的氛围，既能增强儿童对作品的理解力，又能提升儿童的语用能力。又比如，说明文的语言决定了其朗读不像童话、寓言故事那么有趣，不像散文那么优美，不像古诗词那么有节奏。但我认为，进入语文教材的"说明文"，毫无疑问其姓"语"，就要用语文的方式来教学，朗读同样在说明文教学中适用。

这本书就试图从不同的文体该如何进行朗读教学这一角度切入，试图扩大"读"的范畴，丰富"读"的路径和维度，打破固有的认知，丰盈小学语文朗读教学的内涵。我们都深知，不同文体的表达方式、语言组织形式和所达到的表达效果是不同的。因此，我在书中结合统编教材具体的课例或教学片段较系统地阐述朗读如何在不同文体教学中自然渗透。我力求通过多样化的课堂，能够比较全面地回答当下一线老师们在朗读教学方面的困惑，展现朗读教学所达到的高度、深度与广度，尝试和探索朗读是如何促进学生言语建构，以及该如何借助朗读促进儿童对文本内容的理解和加深儿童对思想情感的领悟。

站在课堂之外，我时常瞭望，一堂语文课的柔韧度，如何像滔滔不绝的一千八百公里之长的波浪；让我想象，一堂语文课的姿态，如何在琅琅书声中笙歌飞扬。朗读是活的，如同给文字以生命，如同那悠远深厚的运河，永葆生命的节拍。

陆智强

2021 年 京杭大运河畔

穿过朗读的生命之河

闫 学

小陆的学校在运河边，小陆也住在运河边。

我能想象他每天穿过运河边的小径，穿过小径两侧一片片的丛林和花海，伴着运河上驶过的货轮发出的马达声，第一个来到他的教室，准备他的早读课。不一会儿，校园热闹起来，清脆的童音像银铃，似泉水，从他的教室里传出来，一直传到运河边，与运河的流水和货轮的汽笛声融为一体，奏响了一支富有层次的交响乐，似乎穿越了千年，那么动人心魄，让人百听不厌。

这是我的美好想象，也是小陆的现实生活。

自他的上一本教学专著《中国孩子的朗读手册》出版不到两年，这本《语文读出来》又即将问世。在感叹于他的"高产"之余，我不由地想，究竟是什么力量，让一个走上教师岗位尚不足五年的年轻人，不断地挑战自我，翻越一座座高山，抵达一个个新的目标，然后又把目标设为新的起点，心无旁骛，不断前行。当我再次细读他的书稿，我逐渐找到了答案，或者说我从小陆身上，进一步坚定了自己的想法，那就是：教师的专业成长，主要不是依赖于外部，也不是一味依赖于某个"平台"，某种"恩赐"，而在于自己，在于自己内心深处是否真正渴望成长，渴望成为一名真正的优秀教师。小陆的成长履迹，展现的既是一名青年教师不断拔节、蜕变的历程，也是一名富有智慧的教师不断寻找自身发展路径的探索之旅。虽然常常听小陆提及许多帮助他的人——他是充满感恩的，但我知道，这条道路其实充满了孤独，也浸透了汗水。因为真正的教育教学研究，从来就不是喧嚣的，不是呼朋唤友一起玩的，它要求你能够耐得住寂寞，摒弃急功近利的杂念，沉潜下来，在自己的课堂上脚踏实地去实践、反思、提炼、总结。在这个过程中既有辛勤付出之后收获满满的快慰和幸福，也有执着探索之后依旧空手而归的困惑与沮丧，但所有的历练都是财富，都是行走过程中必须逾越的沟坎。年轻的小陆做到了，他总是不断在积蓄能量，寻找路径，然后付诸行动。这就让他避免了年轻人身上常见的通病——梦想很多，行动很少，吃苦不够。于是，在《中国孩子的朗读手册》出版不到两年之际，他又重磅推出了这本全新的教育教学力作《语文读出来》。

如果说《中国孩子的朗读手册》更多的是基于小陆在朗读方面的专长和兴趣，探讨的是一些实用、操作性强又充满趣味的朗读教学方法、技巧与策略，那么，这本《语文读出来》则从现行统编小学语文教材中的文本体裁入手，呈现了层次丰富、立体多维的语文教学板块，聚焦的是朗读对提升语文教学实效所呈现的多种可能。这些案例，涉及了不同的文本体裁：诗歌、童话、神话、散文、小说、说明文等等，既符合现行统编教材的实际，又巧妙回答了一线教师对于不同文本体裁中如何开展朗读教学、提升教学效果的疑惑。既有理论的建构和梳理，也有实践的探索和支撑，又聚集了曹爱卫、王自文、施燕红等这些国内一流的语文教学名家对案例的精彩点评，相信一定会给广大教师及读者带来更大的启发。

那么，在语文教学的实践层面，这本书的学术价值究竟在哪里呢？

曾几何时，有一句话在课堂上出现的频率很高："某某同学，请把高兴（激动、痛苦、悔恨……）的感情读出来！"一旦学生没有读出"指定"的"感情"，或读得不够"到位"，教师往往还会亲自示范，直到满意为止。于是，我们听见了稚嫩的童音伴随着夸张的语调朗读着教师指定的段落，表达着"指定"的"感情"，或激昂，或沉郁，或喜悦，或悲伤……但仔细回味，却总觉不是滋味——忽视文本体裁特点与主题内容，忽视学生对作者及作品情感真正的理解与感悟，过于强调"语气语调"和"有感情"，陷入了模式化与技术主义的误区，却忽略了最重要的一点：课堂是给人智慧、教人思考的地方，不是过分抒情、表演抒情的地方。那么，除了"抒情"之外，朗读在语文教学中还有其他作用和功效吗？我认为，小陆这本专著《语文读出来》，正是从丰富多维的层面，用翔实、生动的案例，探讨了朗读对提升语文教学实效的多种可能性，而这也是这本书最大的学术价值所在。

作为一个年轻教师，虽然在朗读教学领域已经取得了阶段性成果，但小陆依然很清醒："书中所呈现的课例，仅仅是我的一种视角，一种尝试，一种摸索，一种实践……而已。"这让我有理由相信，《语文读出来》这本专著的出版，对于小陆来说依然只是一个新的起点，他奔跑的步伐不会停下，我期待着他带给我们新的成就和惊喜。

"朗读是活的，如同给文字以生命；如同那悠远深厚的运河，永葆生命的节拍。"让我们打开这本书，和小陆一起，穿过朗读的河流，去感受、触摸那生命中最动人的节拍。

2021 年 5 月 10 日于杭州

目 录 | CONTENTS

1　第一辑：儿童诗朗读教学
朗读，儿童诗教学的最佳路径 // 3
【课堂再现】
读出情、趣、意
　　　　——一下《荷叶圆圆》教学// 11
散文诗里的朗读声
　　　　——三上《花的学校》教学// 15
把浓郁的诗意读出来
　　　　——四下《绿》教学实录// 19
【名师点评】
深浅浓淡皆绿意　抑扬顿挫诵诗情 // 陈静 26

29　第二辑：童话朗读教学
用朗读叩响童话的学习之门 // 31
【课堂再现】
紧扣文本特质　让朗读生长
　　　　——一下《棉花姑娘》教学 // 38
寻找永恒不变的东西
　　　　——四下《巨人的花园》教学 // 42
在"读"与"演"中享受童话
　　　　——二下《青蛙卖泥塘》教学实录（第1课时）// 46
【名师点评】
唤醒童话 // 曹爱卫 55

59 第三辑：寓言朗读教学

读出一片敞亮的寓言世界 // 61

【课堂再现】

比对劝告　读出意味

　　——二上《寒号鸟》教学 // 67

品语言　触形象　借比较　悟寓意

　　——三下《池子与河流》教学 // 71

读书百遍　其义自见

　　——六下《学弈》教学实录 // 74

【名师点评】

简约高效，取舍有度 // 卢永霞 82

85 第四辑：神话朗读教学

找准朗读训练点，探寻神话魅力 // 87

【课堂再现】

对比品读　言意兼得

　　——二上《大禹治水》教学 // 93

由一个"填"字说起

　　——四上《精卫填海》教学解读与思考 // 96

感受神奇想象　加强言语实践

　　——四上《女娲补天》教学实录 // 101

【名师点评】

读清故事　读出神奇　读懂人物 // 谢江峰 109

113 第五辑：古诗文朗读教学

古诗文中的"读"门秘籍 // 115

【课堂再现】

结合资料品语言　借助朗读悟真情

　　——五上《少年中国说》教学 // 126

朗读　品句　冶情

　　——六下《送元二使安西》教学 // 131

在浓郁的知音文化下品"知音"

　　——六上《伯牙鼓琴》教学实录 // 136

【名师点评】

四要——还古诗文教学本真 // 王自文 144

147　**第六辑：散文朗读教学**

用朗读呵护散文教学 // 149

【课堂再现】

聆听美妙的声音　品味生动的语言

　　——三上《大自然的声音》教学（第 1 课时）// 155

想象画面　品味语言　仿照表达

　　——四上《走月亮》教学 // 159

【教学赏析】

资料建构语境　还原鲁迅本真

　　——特级教师闫学《我的伯父鲁迅先生》课例赏析 // 165

171　**第七辑：说明文朗读教学**

读出说明文的语文味 // 173

【课堂再现】

读中理解　读中体验　读中悟情

　　——四上《蟋蟀的住宅》教学 // 182

品读说明词句　聚焦表达方法

　　——五上《太阳》教学 // 186

紧扣文体特征　感悟生动表达

　　——五上《松鼠》教学实录 // 190

【名师点评】

让说明文教学丰盈起来 // 朱煜 196

199　第八辑：小说朗读教学

朗读让小说绽放美丽 // 201

【课堂再现】

审美思辨齐联合　动作语言显本色

　　——五下《景阳冈》教学 // 208

情动辞发　言义兼得

　　——六上《桥》教学 // 213

让思维在课堂中狂欢

　　——五下《跳水》教学实录 // 217

【名师点评】

思维是灵魂的自我谈话 // 施燕红 225

227　第九辑：绘本朗读教学

绘本是大人读给孩子听的书 // 229

【课堂再现】

寻找是为了抵达

　　——绘本《宝藏》导读设计 // 234

理解并认可情绪

　　——绘本《生气的亚瑟》导读设计 // 239

让儿童以思考的眼光看世界

　　——《从前有一只老鼠……》教学实录 // 241

【名师点评】

唤醒思辨的耳朵 // 王艳霞 250

253　第十辑：儿童朗读课程的路径培养

儿童朗读课程的培植与生长 // 255

后记　这边风景"读"好 // 263

第一辑

儿童诗朗读教学

稚气的文字，率真的表达，纯净的情感。读诗，是送给孩子最优雅的成长礼物。"为了学习，为了儿童的学习，为了儿童的语文学习"，让孩子们在情趣盎然的朗读中，童心与童诗齐飞，童声与诗情共振。

朗读，儿童诗教学的最佳路径

什么是儿童诗？不同的学者有不同的定义。浦漫汀在《儿童文学教程》中写道："儿童诗即专为少年儿童创作、符合他们的心理和审美特点的诗歌，也包括少年儿童为抒发自己的感怀而创作的诗。"蒋风老师在《幼儿文学》中对其的定义与浦漫汀相似。在方卫平、王昆建老师等主编的《儿童文学教程》中则这样概述："儿童诗是专为儿童所作，以优美的音韵和凝练的语言书写儿童情趣和心声，并与儿童的理解水平、接受能力和心理特点相适应。"综上可以看出，儿童诗是一种特殊的文学样式，其创作首先要站在儿童立场，以儿童的视角去审视，以儿童的眼光去捕捉，以儿童的心灵去感受，描写儿童眼中的烂漫世界，抒发儿童内心的纯真情感，为儿童所写，为儿童而歌。正因如此，儿童对其凝练的语言、丰富的想象、优美的意境和独特的韵律情有独钟。

《义务教育语文课程标准（2011年版）》在不同学段对儿童诗的教学提出了进阶式的要求：第一学段要求诵读儿歌、儿童诗，展开想象，获得初步的情感体验，感受语言的优美；第二学段要求诵读优秀诗文，注意在诵读过程中体验情感，展开想象，领悟诗文大意；第三学段要求阅读诗歌，大体把握诗意，想象诗歌描述的情境，体会作品的情感。受到优秀作品的感染和激励，向往和追求美好的理想；诵读优秀诗文，注意通过语调、韵律、节奏等体会作品的内容和情感。伴随着学生年级的递增，由"初步的情感体验到领悟诗文大意再到受到优秀作品的感染和激励"，对儿童诗学习能力的培养螺旋上升。

儿童诗歌主要有三种类型：儿歌、儿童诗和儿童散文诗。值得一提的是，儿童散文诗是介于诗歌和散文之间的文学样式，具有诗的意境和散文的形式，伴有语言天真，节奏明快，意境优美等特点。例如《花的学校》

《四季之美》《花之歌》等课文。因此，笔者将这一类的文章也归到儿童诗朗读教学。另外，统编语文教材在四年级下册以单元整组的形式编排了现代诗，有冰心的《繁星》、艾青的《绿》等诗篇。笔者认为，这些诗篇被选入教材，加上适合此年龄段儿童朗读，因此也将其归并。笔者将统编教材中的儿童诗进行梳理，如下：

年段	篇目
一年级上册	《小小的船》《四季》《比尾巴》《青蛙写诗》《影子》《明天要远足》《雪地里的小画家》
一年级下册	《我多想去看看》《一个接一个》《怎么都快乐》《夜色》《荷叶圆圆》《彩虹》
二年级上册	《植物妈妈有办法》《妈妈睡了》《田家四季歌》
二年级下册	《彩色的梦》《要是你在野外迷了路》《雷锋叔叔，你在哪里》《祖先的摇篮》
三年级上册	《花的学校》《听听，秋的声音》
三年级下册	《池子与河流》《童年的水墨画》
四年级上册	《现代诗二首》《延安，我把你追寻》
四年级下册	《短诗三首》《绿》《白桦》《在天晴了的时候》
五年级上册	《四季之美》
五年级下册	无
六年级上册	《花之歌》《三黑和土地》《有的人——纪念鲁迅有感》
六年级下册	无

那么，在当下的语文课堂上，儿童诗又是如何进行教学？笔者对一线教师的课堂进行学习并记录：

课文	教学内容	执教者
《小小的船》	1. 识字与写字；2. 叠词朗读，积累与应用；3. 借插图进行背诵。	曹爱卫
《植物妈妈有办法》	1. 识字与写字；2. 借助学习支架，理解诗中的内容；3. 押韵朗读指导，感受音韵美。	戴宏飞

课文	教学内容	执教者
《短诗三首》（繁星）	1. 识字与写字；2. 反复朗读，读出节奏，体会诗歌的韵味；结合所看、所闻、所想，熟读成诵；3. 初步了解现代诗的一些特点，体会诗的情感。	李文斌
《有的人——纪念鲁迅有感》	1. 对比朗读，了解对比手法，体会人物形象；2. 参读资料，明确作者意图，感悟主题思想。	周　丽

从以上几位教师设定的教学内容中不难看出，朗读并不是儿童诗教学的唯一方法，但无疑是每位老师都会选择的方法。那么，如何将朗读在儿童诗教学中渗透呢？以下是笔者的思考。

一、阶梯式朗读，读准字音和节奏

儿童文学作家金波提出："诗歌的语言不但要求精炼而且富有表现力，还要求它有和谐的音调，鲜明的节奏和韵律，即语言的音乐美。"金波认为，儿童诗很关键的一点是要注重"诗的音乐性"，这不仅能锻炼儿童的语感，还能培养其对母语的文化审美能力。因此，儿童诗教学首要的功夫就在于朗读。无论是低段还是高段，教师都要引导学生从读正确，读流利，到读出节奏和韵律，最后走向读出情感，也就是说要把握儿童诗朗读教学的阶梯性。

例如，统编语文二年级上册《田家四季歌》一课，这是一首朗朗上口的儿歌，共有4节，按照春夏秋冬的顺序，依次描绘了四季的农事活动。在初读环节，第一步，引导学生自由朗读课文，要求借助拼音，把每个字都读正确。第二步，初读反馈，邀请四位同学分别朗读四节内容，其他同学做小老师，认真听，重点指导"场""了"多音字的读音。第三步，引导学生一边读一边观察儿歌每一小节有什么共同特点。教师范读第一小节时，着重强调每一行末尾字"吹""飞""肥"的读音，学生会发现原来这些字的读音特别像。在朗读时，声音响亮饱满，这样就充满韵味。当学生明白了这一点，再自由练习整首诗朗读，这时教师不仅要求学生要读准字音，还要读好韵脚，读出韵味。第四步，引导学生把握朗读的停顿，特别是第四节中"新制棉衣暖又轻。一年农事了，大家笑盈盈。"这两句的节奏，教师可以通过拍手节奏读、问答读、师生合作读、男女生配合读、小组比赛读等多种形式的朗读强化学生的朗读意识，让他们感受到儿童诗别样的音韵美。

教师在指导学生读出诗韵时，除了关注韵脚，还可以关注拟声词和叠词。例如，统编语文三年级上册《听听，秋的声音》，诗中有黄叶"唰唰"、蟋蟀"㘗㘗"等拟声词，不仅形象生动，还增加了诗歌的节奏感，增强了朗读的趣味性。再比如，统编语文一年级上册《小小的船》《四季》和一年级下册《荷叶圆圆》等课文中出现的大量叠词。教学时，在引导学生读正确的基础上，可以通过对比朗读让学生感受到音韵美。以《小小的船》为例，学生将"弯弯的月儿小小的船"和"弯的月儿小的船"两个句子进行比较朗读。在反复朗读中，学生不仅能体会到句子的音乐美，更会感受到叠词的使用不仅有利于强调事物的特征，更包含作者的情感。

也许有老师会有疑问，像《繁星》《绿》《花的学校》这些诗歌及散文诗韵脚不定，字数不定，节数不定，又该如何引导学生读出韵律呢？这时候，把握节奏尤为重要。教师要用敏锐的眼光去寻找这些诗歌中是否有"呼应对称"的标志，这种标志的出现，就形成了整首诗的节奏。朱光潜曾说："情感的最直接的表现是声音的节奏，而文学意义反在其次。文学意义所不能表现的情调常可以用声音节奏表现出来。"所以，节奏把握住了，诗味也就如清风一般徐徐而来。

二、想象式朗读，建构画面和意境

意象是儿童诗的焦点，更是儿童诗的灵魂。作者往往将内心的情感通过意象进行具体化，因此在教学过程中，教师要引导学生根据意象，联系生活经验进行想象，在脑海中建构起一幅幅生动形象的画面。而在想象和建构的过程中，意境由此产生。意境的范围比较大，通常是几个意象或者几句诗所营造的境界。可以说一个个意象就像部件一般组成意境，而想象是实现意境的重要手段或途径，朗读则是将两者通过有声语言进行外化。

笔者以统编语文四年级下册的《繁星》教学为例。全诗紧扣"回忆"二字展开,"这些事"指的是下文中月明的园中、藤萝的叶下和母亲的膝上。诗人通过"月明""小园""藤萝"意象营造出温馨、恬淡的具体意境,将回忆的场景具象化,同时又给读者留下想象的空间。在教学时,教师不妨先引导学生圈画意象,再根据意象进行画面想象,唤起学生的生活记忆。读到"月明的园中""藤萝的叶下""母亲的膝上",读者都分别看到了什么,听到了什么,闻到了什么,感受到了什么?教师以此与学生的生活经历相勾连,从而自然地进入诗歌的情境,与作者、文本产生强烈的情感共鸣。例如,可以想象母亲是如何讲故事、唱儿歌;然后组织学生交流感受,引导其体会童年的美好和温暖的母爱。最后,回归到"永不漫灭的回忆",引导学生结合自己的生活,聊一聊自己和母亲在一起的美好时光与温馨回忆,再次体会到诗人对母亲的思念。

从意象入手,到意境的建构,通过想象、理解和感悟,学生的真实情感得以积蓄,最后自然而然地迸发,而不是抽象地呼喊。可以说,有感情地朗读正是在这样的学习之下而水到渠成的。

三、比较式朗读,发现表达的秘密

诗人在创作过程中,不仅会关注遣词造句,还会采用最适切的表现手法。所以,这里的"表达"一方面是品析儿童诗灵动的语言,另一方面是赏析比喻、拟人、夸张、排比等儿童诗中常用的表现手法。如何在课堂上带领学生去发现这些秘密呢?笔者认为可以采用比较式朗读这一策略。

诗人艾青曾说:"诗是语言的艺术,语言是诗的元素。"诗的语言是"最高的语言,最纯粹的语言""最能表达形象的语言"。艾青的这段话一语中的,高度概括和提炼了诗歌语言的特点。统编语文三年级下册《童年的水墨画》是一组儿童诗,诗人张继楼以跳跃的镜头捕捉了乡村儿童生活的典型场景,其中第一节《溪边》描绘了儿童垂钓的场景。诗中有这样一句话:"人影给溪水染绿了",一个"染"字是点睛之笔,有老师围绕此字开展了以下教学:

一、播放视频，引出"染"字

1. 播放墨汁倒在宣纸上的视频，学生观察变化，引出"染"字。

2. 学写"染"字，并用相机组词。

3. 提问：这一节诗中，主要染成了什么颜色？（预设：绿色）

二、围绕"染"字，建构意境

1. 默读诗歌，圈一圈绿色的景色。指名学生交流，屏幕相机出示：垂柳、溪水、人影、草地。

2. 展开想象，建构意境。同学们，读着这些景物和诗句，你仿佛看到了一幅怎样的画面？

3. 思考：在这些绿色的景物中，哪一些原本就是绿色的？哪一些又是被染绿的呢？预设：溪水被垂柳、青草、青山等染绿了，人影被溪水染绿了。

4. 出示"山溪图"，相机引导学生理解句子"垂柳把溪水当作梳妆的镜子，山溪像绿玉带一样平静"。

5. 品味朗读。垂柳青翠欲滴，溪水绿得透亮，就连人影也都是绿色，这样的水墨画带给你什么样的感受？相机指导朗读。

三、对比朗读，感受精妙

1. 屏幕出示以下句子，请同学们对比读一读，想一想能否代替"染"字，为什么？

（1）人影给溪水涂绿了。

（2）人影给溪水画绿了。

（3）人影给溪水描绿了。

2. 学生相互交流，教师补充：一个"染"犹如作水墨画一般，将周围的世界渐渐变成了绿色，像一幅画卷一般缓缓打开，体现出动态之美。

以上教学，教师充满教学智慧，围绕"染"字别出心裁，通过想象、朗读等多种形式不断激发学生的言语生命动力。最后通过比较的方式，助推高阶思维的发展，让儿童能更直观地感受儿童诗语言的精妙。课后，相信学生对"染"字也是印象深刻，意犹未尽。

儿童诗抒发的是儿童的情感，描绘的是儿童所喜闻乐见的事物，处处洋溢着童真童趣。在诗意的世界里，鸟儿会唱歌，鱼儿会跳舞，蜗牛会飞，花朵会哭泣……一切的烂漫源于诗人在创作时会采用比喻、拟人等修辞手法。例如，统编语文一年级上册《青蛙写诗》一课，作者生动形象地将标点符号进行拟人化：小蝌蚪是逗号，水泡泡是句号，小水珠是省略号。在童诗里，学生不仅能形象感知标点的样子，还了解了标点的含义，这远比简单的教师讲解有意义。再比如，统编语文二年级上册《植物妈妈有办法》一课，作者用拟人的方式介绍了各种种子传播的方式。在教学中，教师可以让学生读一读同样有关介绍种子传播的科普文，让其充分感受儿童诗在表达上的乐趣。在教学中，不提倡教师直接给学生讲解拟人、比喻等修辞手法，但是在比较朗读中，学生自然地将语言进行内化并能领悟到诗意的美好。通过比较式朗读，力争让儿童诗成为儿童鉴赏语言文字、积累语言素材、模仿语言表达等的积极典范。

四、情境式朗读，增进情感的共鸣

诗歌作为一种抒情性文学，字里行间自然传递着诗人的感情。教师在教学中可以借助信息技术等途径，创设多种情境，引导学生由情境走向意境，与诗人展开对话，增进对诗人所表达的情感的理解。

"画"中读。诗配画是传统的诗歌教学活动，教师在教学中可以借助教材插图或者与教学内容相关的图片、视频来营造意境，唤起学生的情感认知。例如，在教学《童年的水墨画》时，教师在恰当的教学环节出示一幅幅精美的画卷，拨动学生朗读的心弦。

"乐"中读。音乐是营造情境的重要手段。在教学中，很多教师都会采用配乐朗读，但不是所有的文章朗读都要配乐，也不是所有的配乐都适合朗读，诚然在配乐的选择上应注意以下四个原则：第一，诗歌的节奏与乐曲的节奏相适应；第二，诗歌的内容与乐曲的内容相吻合；第三，诗歌所表达的情感与乐曲情感相一致；第四，诗歌的意境与乐曲的意境相匹配。只有这样，才能让配乐为朗读推波助澜、锦上添花。例如，朗读《四季之美》时，可以配上较舒缓、柔和的音乐，让诗意的文字和流淌的音乐形成水乳交融的境界；朗读《有的人——纪念鲁迅有感》时，建议采用低沉、缓慢的大提琴或者钢琴曲，启迪人们的思考。

　　稚气的文字，率真的表达，纯净的情感。读诗，是送给孩子最优雅的成长礼物。"为了学习，为了儿童的学习，为了儿童的语文学习"，让孩子们在情趣盎然的朗读中，童心与童诗齐飞，童声与诗情共振。

读出情、趣、意

——一下《荷叶圆圆》教学

【教学目标】

1. 随文识记"珠""摇""躺"等12个生字，会写"亮""机"等7个生字，通过图片、联系生活理解"摇篮""停机坪"等词语；通过动作体验了解"展开"的意思。

2. 正确、流利地朗读课文，背诵课文。能提取文中信息，了解故事内容，感受夏天的美好。

3. 学习并仿照"荷叶圆圆的，绿绿的"句式说话。尝试用"说：'荷叶是我的'"的句式练习说话。

【教学过程】

板块一：创设情境，初赏荷叶

1. 屏幕出示一幅幅荷叶图，引导学生用合适的词语说一说：我看到了（　　）的荷叶。预设：引导学生从样子、颜色、大小等角度来描述荷叶。

2. 引出课文第一自然段："荷叶圆圆的，绿绿的。"个别读，再齐读，指导学生读正确，读流利。

3. 板书课题，齐读课题：荷叶圆圆。

板块二：初读课文，再赏荷叶

1. 激趣。

这么美美的、绿绿的荷叶真让我们欢喜。胡木仁爷爷到底创作了一个关于荷叶的什么样的故事呢？请同学们翻开课本第70页，自由朗读课文，要求读准字音，读通句子，难读的地方读多几遍。遇到不理解的地方，用横线画出。

2. 交流反馈。

（1）指名学生朗读第二自然段，相机正音。重点点拨：读准"珠"翘舌音，"晶"后鼻音，了解"身"和"身字旁"的区别。

（2）指名学生朗读第三自然段，相机正音。重点点拨："坪""蜻蜓"为后鼻音；注意读好词组"展开透明的翅膀"。

（3）同桌合作朗读第四、五自然段。重点点拨："歌唱""雨伞""笑嘻嘻"读音。

3. 梳理文章脉络。

（1）文中有四位小伙伴也特别喜欢和荷叶一起玩耍，请同学们再读一读课文，读完之后圈一圈。指名交流，教师板贴小水珠、小蜻蜓、小青蛙、小鱼儿。

（2）荷叶和他们玩起了"超级变变变"的游戏，在四位小伙伴的眼中，荷叶分别变成了什么呢？请他们连一连，说一说理由并交流反馈。

板块三：研读课文，精赏荷叶

1. 学习课文第二自然段。

（1）屏幕出示课文第二自然段，指名读，全班齐读。

（2）教学"摇篮"。

①引导学生读准"摇"的字音。

②出示摇篮图片，引导学生回忆经历，想象在摇篮中是一种什么样的感受？预设：舒适、开心。要求同学做一做"摇"的动作，拓展学习提手旁的字：打、握、拍。

③教学"躺"，识记"身"字旁，观察"身"变为偏旁之后的变化。想象"躺"的感受，体会小水珠在摇篮中舒服惬意的心情，并通过朗读表现出来。

（3）教学"亮晶晶"。

①想象：荷叶上的水珠是什么样的？请你用一个词来描述。引出课文中的"亮晶晶"。

②指导学生朗读"亮晶晶"，注意后鼻音。

③指名读，开火车读，读好词组"亮晶晶的眼睛"。

（4）指导朗读，角色想象。同学们，此时此刻你们就是一颗颗小水珠，一阵凉爽的微风吹过，荷叶摇啊摇，小水珠躺在荷叶上舒服极了！哪一颗舒服的小水珠愿意来读一读呢？指名读，再齐读。

2. 学习第三自然段。

（1）屏幕出示课文第三自然段，指名读，再全班齐读。

（2）出示图片理解"停机坪"，引导记住"机"（木加几）。

（3）学习生字"翅膀"，出示有透明翅膀的蜻蜓，引导学生找找，相机理解"透明"，引导学生说一说生活中还有什么也是透明的。

（4）入情入境朗读。

师：可爱的小蜻蜓，荷叶是你的停机坪，请问你在荷叶上干什么？
生：小蜻蜓立在荷叶上，展开透明的翅膀。

（5）引导学生做一做"展"的动作，一边做一边朗读。

3. 合作学习第四、五自然段。

（1）出示学习任务：①合作读一读课文；②圈一圈小青蛙和小鱼儿分别把荷叶当作什么；③画一画他们都做了什么。

（2）交流反馈。

①指名小组朗读展示，其他同学当小老师，注意听字音是否读正确。

②指名交流问题1：

小青蛙把荷叶当作歌台，小鱼儿把荷叶当作凉伞。

③指名交流问题2：

小青蛙蹲在荷叶上歌唱，小鱼儿在荷叶下笑嘻嘻地游来游去，捧起一朵朵很美很美的水花。

（3）朗读体悟。

①看，小青蛙来了，出示图片，这是什么姿势？预设：蹲。

②通过观察，你发现蹲着的青蛙心情如何？预设：开心、高兴。请你带着这样的心情读一读吧。

③好一只开心青蛙，可是你这只青蛙声音比较小，文中的青蛙声音很响亮，从哪里可以看出来？预设：放声。谁能放声地读一读第四自然段？指名朗读，全班齐读。

（4）出示：

小鱼儿/在荷叶下/笑嘻嘻地/游来游去，捧起/一朵朵/很美很美的/水花。

①指导学生读好停顿。

②小鱼儿在荷叶下游来游去，心情如何？预设：快乐。请你带着快乐的心情读一读第五自然段。指名读。

③男女生合作朗读。男生朗读小鱼儿说的话，女生朗读小鱼儿在荷叶下的动作。

板块四：朗读升华，仿照表达

1. 出示课文第二至第五自然段，师生合作，配乐朗读：教师朗读前一句，学生朗读后一句。

2. 引导学生观察这四个自然段，想一想有什么共同点。预设：句式相同，第一句都是：（   ）说："荷叶是我的（   ）。"第二句则是小动物的行为动作。

3. 引发想象，句式训练。

（1）出示小蝴蝶、小乌龟、小河虾等图片，引导学生同桌之间说一说。

（2）你还会把荷叶当作什么呢？请同学们自由选择一种小动物，写一写。

4. 思考：同学们，是谁给这么多小动物带来如此多的欢乐呀？荷叶看着大家笑眯眯的，她的内心一定也很开心。能给别人带去快乐的荷叶是多么美啊！我们一起再来读一读课文第一自然段。

板块五：背诵积累，书写练习

1. 引导学生借助板书尝试着背诵课文。

2. 书写指导。

（1）出示两组生字，引导学生观察，并讲解需要注意的地方。

第一组生字：美、亮、台、鱼、朵

第二组生字：机、放

（2）学生练写，教师巡视，展示交流。

散文诗里的朗读声

——三上《花的学校》教学

【教学目标】

1. 认识"惶""笛"等 4 个生字，读准多音字"假"，会写"落""荒"等 13 个字，会写"阵雨""荒野"等 12 个词语。

2. 正确、流利地朗读课文。能想象花"在绿草上跳舞、狂欢"的情景。

3. 关注课文中有新鲜感的词句。能仿照"雨一来，他们便放假了"的表达写句子。

【教学过程】

板块一：了解作者，导入新课

1. 谈话导入：同学们，请你来说说自己的学校。引出"花的学校"。

2. 板书课题，读好课题，质疑激趣。例如，花的学校是什么样子的？为什么叫花的学校？花的学校里面有哪些花？

板块二：初读课文，整体感知

1. 出示学习任务：自由朗读课文，要求读准字音，读通句子，难读的地方多读几遍；想象课文主要讲了什么内容。

2. 交流反馈。

（1）出示下列词语，练习认读。

　　荒野　口笛　罚站　放假　簌簌地　衣裳

　　急急忙忙　狂欢　双臂　狂风　阵雨　功课

①重点点拨："衣裳"的"裳"为轻声；"荒"为后鼻音；"假"为多音字。

②出示图片了解"口笛"，明白"笛"为竹字头。

③自由读，接着小老师带读，再全班齐读。

（2）长句子指导朗读。

①教师范读第二、八自然段。

②指导朗读，读好"一群一群的花/从无人知道的地方/突然跑出来，在绿草地上跳舞、狂欢。"和"你没有看见/他们怎样地/急着要到那儿去吗？"的停顿。

（3）整体感知，说一说课文的主要内容。

①学生尝试练说。

②有困难的同学可以借助以下填空题进行练说。

当（　　）在天上轰响，（　　）落下的时候，（　　）从无人知道的地方突然跑出来。他们在（　　）的学校里上学。雨一来，他们便（　　）。他们的家在（　　），他们匆匆忙忙地赶到那儿（　　），对着妈妈（　　）。

板块三：想象画面，品读词句

1. 出示单元篇章页，明确学习要求：阅读时，关注有新鲜感的词语和句子。请同学们自由朗读第一至第五自然段，用横线画一画哪些词语和句子让你觉得有新鲜感。

2. 交流反馈，结合理解谈感受。预设："湿润的东风走过荒野""在绿草上跳舞、狂欢""在地下的学校里上学，他们便放假了"。

3. 想象画面，朗读品味。

（1）品读第一自然段：

当雷云在天上轰响，六月的阵雨落下的时候，湿润的东风走过荒野，在竹林中吹着口笛。

①想象：一边读一边展开想象，你们都看到了哪些画面？聚焦"雷云""阵雨""东风""荒野""竹林"，这样的场景带给你什么样的感受？预设：轻快、自由。

②带着这样的感受朗读，读出东风的轻快与自由。

③对比朗读，深化感受。

当雷云在天上轰响，六月的阵雨落下的时候，湿润的东风吹过荒野，在竹林中吹着口笛。

当雷云在天上轰响，六月的阵雨落下的时候，湿润的东风走过荒野，在竹林中沙沙作响。

（2）品读第二自然段：

于是，一群一群的花从无人知道的地方突然跑出来，在绿草地上跳舞、狂欢。

①想象：一边读一边展开想象，仿佛看到了哪些画面？思考"一群一群的花"能否用"一朵一朵的花"代替。

②理解"狂欢"的意思，引导学生从造型、表情、神态、声音、心理等角度想象花儿们狂欢的样子。预设："有的花手拉手，肩并肩正在一起跳华尔兹"；"有的花穿着火红的喇叭裙，尽情地展示自己的舞蹈"；"有的花一边跳舞一边放声歌唱"……

③表演朗读，感受热闹的景象。个别读，再全班齐读。

（3）品读第三、四自然段。

①抓住"在地下的学校里上学""关了门做功课"这些充满想象力的词句进行品析，引导学生想象：地下的学校是怎么样的？在地下的学校又是如何上课的？他们会做哪些功课呢？

②指导学生朗读第三、四自然段，注意读好重音和停顿。例如，要把"真的""地下的"进行强调、突出。

（4）教学第五自然段：

雨一来，他们便放假了。

①说一说放假时的心情怎么样？预设：激动、欢乐。花儿们放假也是无比的欢乐，请同学们带着这样的心情朗读这句话。

②想象：他们放假会做哪些事情呢？

③拓展：你喜欢这样的表达吗？想一想还有谁也会来，花儿们又会做什么？

请你展开想象说一说，并写一写。

清风一吹，他们＿＿＿＿＿＿＿＿＿＿。

蝴蝶一来，他们＿＿＿＿＿＿＿＿＿＿。

小鸟一唱，他们＿＿＿＿＿＿＿＿＿＿。

太阳一笑，他们＿＿＿＿＿＿＿＿＿＿。

预设：

清风一吹，他们便手舞足蹈，扭动着身子。

蝴蝶一来，他们便热情地伸出双手，邀请她来做客。

小鸟一唱，他们便轻轻跟着哼唱。

太阳一笑，他们便挺胸抬头，和太阳公公问好。

4. 教师小结：同学们，在刚才的学习中，我们先通过圈画有新鲜感的词句，再进行想象画面（板书）的方法来学习。接下来，请同学们用这样的方法合作学习第六至第九自然段。

板块四：迁移方法，合作学习

1. 出示学习任务：①自由朗读第六至第九自然段；②圈画有新鲜感的词句，展开想象，仿佛看到哪些画面；③小组之间相互交流。

2. 交流反馈，根据学生的回答，相机进行教学。

（1）让学生进行充分的表达。预设：当"树枝在林中相互碰触着"时，想象树枝们在说着悄悄话；当"绿叶在狂风里簌簌地响"时，想象绿叶在唱交响乐；当"雷云拍着大手"时，想象着呼唤孩子们出来玩耍。

（2）对比朗读。

这时，花孩子们便穿了紫的、黄的、白的衣裳，冲了出来。

这时，花孩子们便穿了紫的、黄的、白的衣裳，走了出来。

①思考：能否将"冲"字换成"走"字，为什么？预设：不能，"冲"字带有感情色彩，表现出花孩子们兴奋、激动的心情。

②想象说话：这时候，冲出来的小紫花会说些什么？小黄花会高声喊什么？小白花又会大笑着说什么呢？

③有感情地朗读第六自然段。

（3）引导用彩笔画一画："他们的家在天上，在星星所住的地方"，他们的家会是怎样的呢？星星住的地方又是如何？请同学们展开想象，用彩笔进行描绘。

（4）结合"急着要到那儿去吗？""为什么那样急急忙忙"，引导学生想象急急忙忙的原因；结合"扬起双臂来"，引导学生想象他们对妈妈会说些什么？做些什么？

18

3. 播放配乐，有感情地朗读第六至第九自然段。

板块五：书写指导，拓展延伸

1. 生字练写。

（1）反馈学生预习单上写错的字，重点指导"落""荒""笛""舞""罚""臂"的结构；注意"假"字右边不要写成反文旁；"互"字第二、三画的笔顺是竖折、横折。

（2）教师示范，学生书空。

（3）学生书写，教师巡视，相机指导。

（4）出示评价，同桌之间互评：坐姿端正，书写正确、美观。

2. 出示课后"资料袋"，了解作者泰戈尔，推荐阅读《新月集》。

补充资料：

作家郑振铎："我喜欢《新月集》。《新月集》具有这样不可测的魔力，它把我们从怀疑贪婪的成人世界，带到秀嫩天真的儿童的新月之国里去，我们忙着计算数字，它却能使我们的心里重又回到坐在泥土里以枯枝断梗为戏的时代，我们忙着入海采珠，掘山寻宝，它都能使我们的心里重温着在海滨以贝壳为餐具，以落叶为舟，以绿草的露点为圆珠的儿童的梦。总之，读者只要一翻开来，便立刻如得到两只有魔术的翼膀，可以使自己从现实的苦闷的境地里飞翔到美静天真的儿童国里去。"

中国文学家郭沫若认为，诗集其有三个特色：第一是诗的容易懂；第二是诗的散文式；第三是诗的清新隽永。

把浓郁的诗意读出来
——四下《绿》教学实录

【教学目标】

1. 认识"挤""叉"2个生字，会写"瓶""挤"等4个生字，会写"墨绿""嫩绿"等8个词语。

2. 能有感情地朗读课文，背诵课文。

3. 能借助关键词句想象画面，感受诗人的独特表达。

4. 通过比较阅读，进一步感受诗歌语言的特点。

【课堂现场】

板块一：诗词"飞花令"，激趣导入

师：同学们，你们都看过中央电视台的《诗词大会》吗？节目中有一个经典而又刺激的环节就是"飞花令"。在开始今天课之前，我们也来一场"飞花令"，可好？（生说好）陆老师给出本场比赛的关键词是"绿"，请大家说出带有"绿"字的诗句。

生：碧玉妆成一树高，万条垂下绿丝绦。

生：今夜偏知春气暖，虫声新透绿窗纱。

生：青箬笠，绿蓑衣，斜风细雨不须归。

生：绿树阴浓夏日长，楼台倒影入池塘。

生：最爱湖东行不足，绿杨阴里白沙堤。

生：春风又绿江南岸，明月何时照我还？

生：千里莺啼绿映红，水村山郭酒旗风。

……

师：陆老师忍不住要给你们竖起大拇指！看来我们班的同学都积累了不少的古诗词，文学功底了得。

师：绿色是大自然的生命底色，它清新、自然，总是给人一种生机盎然的感受。从古至今，它已成为无数文人墨客歌咏的对象。现代著名诗人艾青也对绿色情有独钟，写下了这篇著名的诗歌《绿》。今天，我们就跟随艾青的脚步，一起打开这幅绿意盎然的画卷。

（出示课题，齐读课题）

师：同学们，对于诗人艾青你了解多少呢？谁能借助课前预习来介绍一下。

生：艾青是中国现代诗的代表诗人之一，主要作品有《大堰河——我的保姆》，著有《艾青诗集》。

生：色彩是艾青诗歌艺术表达的要素之一，带有鲜明的艺术美学倾向

20

与追求。

师：这位同学很会搜集资料，这对理解今天的课文有很大的帮助。谁愿意再来分享？

生：1979 年 2 月，艾青率领的全国诗人访问团同他一起在广州、海口、三亚等地参观，他的《绿》就是在这一时期创作的。

师：同学们介绍了很多有关艾青的资料，有一点陆老师要补充，诗人艾青是浙江金华人，陆老师和他是老乡，艾青是我们所有金华人的骄傲。

板块二：反复朗读，读出韵味

师：接下来，请同学们打开课本第 38 页，要求自由朗读诗歌，读准字音，读通句子，难读的地方多读几遍。

（学生放声朗读，教师巡视，学生读得正确流利）

师：看来课前同学们已经充分地预习，这些生字词你们能读正确吗？

（屏幕出示：墨水瓶 挤在一起 重叠 交叉 ）

（指名读，再齐读。重点点拨："瓶"要读出后鼻音；"叉"的读音为第一声。）

师：全诗的字数虽然很少，但是要想把诗歌的味道读出来就不简单了。接下来，自己先练习，试着读出诗歌味道。（学生练习朗读）陆老师想邀请五位同学来读一读，一人读一节，其他同学当小老师来点评一下他们的朗读。

（学生朗读第一节）

师：哪位同学来点评一下他的朗读。

生：我觉得他可以读得慢一点。

生：我觉得他可以在"好像"后面停顿一下。

师：这两位同学的点评很有水平，立刻说出了读诗的秘诀——要注意停顿，把握节奏。我们来听第二位同学朗读第二节。

（学生朗读第二节）

师：陆老师特别欣赏这位同学的朗读，特别是"墨绿、浅绿、嫩绿、翠绿、淡绿、粉绿"，读得很有味道，请你再来读一读，其他同学注意听。

（学生再一次朗读第二节）

师：你喜欢她刚才的朗读吗？为什么？

生：我很喜欢。因为她在读的时候，速度有快有慢，让人觉得还有很多绿。

师：朗读时一会儿快一会儿慢，这就是节奏。那你请你也来读一读第二节吧。

（学生朗读第二节）

师：你的悟性真高，朗读得和刚才那位同学一样精彩！我们请第三位同学们来朗读下一节。

（学生朗读第三节）

师：请这位朗读的同学来点评一下自己刚才的朗读吧。

生：我觉得刚才的朗读稍微快了一些，四个句子的句式相同，我想请教一下老师和同学该如何进行朗读？

师：陆老师不仅佩服他朗读得很自信，更佩服他能及时反思，善于提出问题。我猜其他同学们一定也会遇到这样的难题，我们该如何朗读呢，谁愿意来试一试？

生：虽然四个句子的句式相同，都是"是绿的"结尾，但是我们在读的时候，如果速度一样的话，就不好听，让听者疲惫。我觉得可以这样读：第一句读得稍慢，"刮得风"后面停顿；第二句速度比前一句稍快，语调往上扬；第三句速度是正常；第四句语速稍慢，"阳光"后面进行停顿，"也是"读得重一点。

师：请大家把热烈的掌声送给他，他已经达到了专业朗读的水平。停顿适切，还提到了语调也要有变化。我们班真是卧虎藏龙啊！我们可以照着刚才这位同学分析的，自己练习练习。

（学生练习朗读第三节）

师：后面的同学是不是有压力了？别怕，相信自己！我们再请第四位同学来朗读第四节。

（学生朗读第四节）

师：我实在太喜欢你们的朗读了。不过，陆老师有个小建议，不妨把"集中""挤""重叠""交叉"读得稍微重一点，读出景象的变化。请你再试着来读一读。

（学生再次朗读第四节）

师： 你们听，这回不一样了，味道已经出来了。我们请最后一位同学来朗读最后一节。

（学生朗读第五节）

师： 同桌离你最近，听得最清楚。就让同桌来点评你刚才的朗读吧。

生： 我觉得她读得还可以，但是我建议"所有的绿"可以读得重一点，并且后面可以停顿一下。

师： 为什么要读得重一些？

生： 因为有很多绿，进行强调突出，整个画面很壮观。

师： 读诗最高的境界就是有画面感！你接受她的意见吗？

生： 接受。

师： 那就请你们俩一起再来读一读最后一节。

（同桌齐读第五节）

师： 在刚才读诗过程中，同学提到要注意停顿、重音、语调，朗读时要有画面感，这些都是朗读的技巧，运用这些小技巧能帮助我们读出味道。接下来，就让我们用这些技巧再一起来读整首诗。

（全班齐读整首诗）

板块三：想象画面，深入品读

师： 读着读着，全诗最多的一个字就是"绿"。请同学们找一找，圈一圈你发现了哪些绿？

生： 我找了绿色的墨水瓶，墨绿、浅绿、嫩绿、翠绿、淡绿、粉绿。

生： 我找了绿的风，绿的雨，绿的水，绿的阳光。

生： 我找了集中在一起的绿，挤在一起的绿，重叠在一起的绿还有交叉在一起的绿。

生： 我找到了按着节拍整齐飘动的绿。

师： 这么多绿，我们能不能给它们分分类呢？请同学们小组之间交流讨论。

生： 我们组认为"墨绿、浅绿、嫩绿、翠绿、淡绿、粉绿"是从绿颜色的种类来写。

生：我们组觉得"绿的风，绿的雨，绿的水，绿的阳光"是从不同的事物来写。

生：我们小组认为"集中在一起的绿，挤在一起的绿，重叠在一起的绿还有交叉在一起的绿"和"按着节拍整齐飘动的绿"这些都是绿的动态。

师：同学们归纳得很正确！基本上可以分为这三类，而开头"绿色的墨水瓶""到处都是绿的"则是作者进行的总的概括。同学们，江南一带可以说植被覆盖率很高，特别是像我们杭州，一年四季都是绿。可是，作者笔下这么多的绿，你都见到过吗？哪些绿是作者亲眼所见，哪些绿是作者的想象呢？

生：我觉得绿的风、雨、水、阳光是作者的想象，因为我们看到的风、雨、水、阳光都是没有颜色的。

生：我觉得"突然一阵风，好像舞蹈教练在指挥，所有的绿就整齐地按着节拍飘动在一起……"这部分也是诗人的想象。

生：墨绿、浅绿、嫩绿、翠绿、淡绿、粉绿，我觉得是作者亲眼能见到的，因为这些绿色在生活中我也看到过。比如：嫩绿的芽儿，墨绿的梧桐叶，翠绿的柳叶。

师：看来你和艾青一样都是生活的有心人，有一双善于发现美的眼睛。同学们，诗人笔下的绿色仅仅是颜色吗？还带给你什么样的感受？请你跟随着一幅幅画面再读一读，品一品。

（学生朗读品味）

生：我觉得绿得很壮观，都已经是绿得发黑，绿得出奇。

生：我感受了整个世界都是绿的，周围的一切都充满生命力，一切都生机勃勃。

生：我感受到了一种蓬勃、向上的生命，特别是所有的绿整齐地跟着节拍飘动。

师：同学们，这首诗表现的是"绿"，是大自然的景象，更是诗人的感觉。通过你们的交流，你们已经读懂了诗歌，更读懂了诗人的内心。请同学们跟着音乐，有感情地朗读，读出生机与活力。

（学生有感情地朗读，读出美好的感情，读出生命的朝气与蓬勃）

板块四：对比阅读，体会言语的不同

师：诗人艾青笔下的"绿"留给我们许多想象的空间，也带给我们无限的力量，那么宗璞笔下的《西湖漫笔》又描绘了一番怎样的绿意呢？请同学们读一读，小组之间交流两种绿有什么不同？

（屏幕出示宗璞《西湖漫笔》）

生：我们组认为相似之处在于两位作家都写了很多绿，范围很广，带给我们美的享受。

生：我们组认为诗人艾青笔下的绿不仅有眼前所见，还有很多想象的部分。但是，宗璞笔下的绿色就是作者所见的。

师：你们两组关注到了作品的内容，还有其他补充吗？

生：艾青是借助诗歌的形式，而宗璞是写的是一篇散文。

生：我们组认为诗歌的语言节奏明快，语言富有节奏感；宗璞的《西湖漫谈》文字优美。

师：很不错，你们关注到了语言。都是写"绿"，可是"绿"得却非同一般。作家宗璞用散文的形式将所见之景进行描绘，诗人艾青则是用诗歌的形式，他不仅将所见还把独特的感受也揉进了字里行间。我们再来读一读艾青的这首《绿》。

（学生跟着画面配乐朗读）

师：同学们，诗人艾青一生写下了众多诗篇，例如《我爱这土地》《大堰河——我的保姆》《光的赞歌》《北方》《向太阳》等，课后同学们不妨选择几首进行朗读。有机会的话，同学们还可以到金华市金东区傅村镇畈田蒋村的艾青故居，一同跟随诗人的足迹，聆听诗歌的声音。

深浅浓淡皆绿意　抑扬顿挫诵诗情

河南省漯河市第二实验小学　特级教师　陈静

　　小学教材四年级下册第三单元是现代诗主题单元，虽然现代诗在教材中并非第一次出现，但以往都是单篇课文的形式，这是首次以单元整组编排的形式呈现。《绿》是其中的第二篇精读课文，诗歌以"绿"为中心意象，描绘了春回大地，绿意盎然，万物充满生机的景象。

　　现代诗怎么教？不少老师觉得茫然。《语文课程标准》（2011 版）中明确指出：阅读诗歌，大体把握诗意，想象诗歌描述的情境，体会作品的情感。陆智强老师深得现代诗教学的主旨，他立足"读"字，紧扣语文要素，围绕"有感情地朗读""借助关键词读出画面""在读中感受诗人的独特表达""通过比较阅读进一步感受诗歌特点"四个朗读目标，设计了四个板块的教学活动：从积累上，唤醒"绿"；从意象上，走近"绿"；从情感上，感受"绿"；从精神上，升华"绿"，为诗歌教学做了很好的尝试与探索。

一、营造诗境，唤醒"绿"

　　导课环节，陆老师联系学生生活实际，借助耳熟能详的电视节目《诗词大会》里的"飞花令"游戏，以"绿"为关键词，请学生说出带有"绿"字的诗句，既调动了学生的积累，又引导学生归类记忆诗句，还在读中让学生感受了古诗句式整齐、韵律规整的特点，为下文引导感知现代诗歌的特点，做了初步的铺垫。

二、反复朗读，走近"绿"

　　朱光潜先生说："诗的语文最重要的成分在声音节奏，我们必须反复吟诵，把声音节奏抓住。声音节奏是情趣的直接表现。"对于现代诗来说，朗读依然是通向诗情诗境的最重要方式。陆老师注重对学生的朗读指导，关注朗读的过程，教给他们朗读的方法。首先，在学生读准字音、读通句子之后，老师借助五位同学的朗读，引导学生自主点评，老师以相机补充的方式，将停顿、重音、语调等朗读技巧渗透给学生，来实现"读出节奏、读出画面"的目标。其次，这一环节不但有反复地读，更有不同要求的读：读出绿的变化；读出句式的节奏；读出不同的画面等。这样，课堂上的朗读有了时间的保障，有了指导的落实，也就有了实质的效果。

三、深入品读，感受"绿"

想象是诗歌的生命，诗行里总是跳跃着诗人非凡的想象。怎样引导学生感知诗歌中蕴含的想象，体会诗人独特的感受呢？这是教学的难点。陆老师在指导学生运用朗读技巧熟读诗歌后，借助"找一找，你发现了哪些绿，能不能给它们分分类"这一问题，给学生品读诗歌提供了"抓手"，为小组讨论提供了表达感受的路径。通过分类，不仅让学生感受到了绿的丰富，更感受到了绿的不同，而这种不同，就来自于诗人丰富的想象和独特的感受。所以，引导学生找出哪些是作者亲眼所见的绿，哪些是想象中的绿之后，继续引导学生通过抓关键词品读，抓画面品味表达，配乐读出情感。不同层次的品读，一步步带着学生走进诗境深处。

四、比较异同，升华"绿"

"一切价值都由比较得来。"在这节课的最后一个板块，陆老师运用比较阅读策略，通过引导学生比较艾青和宗璞笔下"绿"的不同，让学生自主阅读，发现异同，初步感受到诗歌和散文语言的不同、形式的不同，进一步体会现代诗歌的特点。

诗歌，带我们用美丽的眼睛看世界。诗歌教学，只有用读去激活学生想象，丰富情感体验，诗性文本的营养才能滋养学生的心灵。当朗读声一次次在陆老师的教室里响起，我能深刻感受到：他和他的学生，一起以"绿意盎然"的状态，生长着。

第二辑

童话朗读教学

每一次朗读童话的过程就是语言、情感与思想和谐相融的过程。一次又一次的朗读，学生的语感得以历练，情感得到熏陶。正如《蜘蛛开店》的作者鲁冰所说："如果你相信童话，你的人生就会是一个完美的童话。"如果我们相信童话，那么我们的语文世界便是完美的童话王国。

用朗读叩响童话的学习之门

　　《儿童文学教程》中将"童话"理解为一种虚构故事，充满浓厚的幻想色彩。《辞海》中这样定义："童话是一种儿童文学，运用想象、幻想和夸张的形式来塑造艺术形象，对儿童性格成长具有重要价值。"《现代汉语词典》则写道："童话是儿童文学的一种，童话体裁蕴含丰富的想象、幻想和夸张，是一种适合儿童欣赏的故事。"根据以上定义，从中可以发现童话是在现实生活的基础之上，采用拟人、夸张等修辞手法所撰写的情节充满想象、富有幻想色彩的故事。

　　在人教版教材中，童话课文有 36 篇，占课文总数的 10.3%；而在统编教材中，童话课文高达 43 篇，占课文总数的 15%，此外还有大量的童话编排在"快乐读书吧""和大人一起读""我爱阅读"等栏目，童话阅读的数量大幅度增加。教材中的童话故事大致可以分为两类：一类是人物童话，主要揭露丑恶，歌颂真善美。例如《卖火柴的小女孩》；一类是动植物童话，其中又可以分为"说理童话"和"科普童话"。像《巨人的花园》为说理童话，通过一个故事传递一个道理。《小壁虎借尾巴》《雪孩子》为科普童话，通过故事介绍自然科学知识。

　　汪潮教授在《不同文体教学》中写道："文学作品有三个层次：语言符号——文学形象——文学蕴含。"这就启示我们，童话的教学也要有三个不可缺少的方面：一是识别语言符号，学习语言，感受童话的语言美；二是再现文学形象，培养想象，体悟童话形象美；三是挖掘童话意蕴，培养思维，理解童话内涵美。笔者认为，朗读是实现以上"三美"的有效策略。除此之外，还要激活学习动机，让学生借由朗读，感受童话故事的美妙。

一、激活动机，让朗读一触即发

学习动机是一个人在学习过程中保持对学习自主追求的内部心理状态。当学生具有明确且持续的学习动机，学习才有主动性和积极性，才能实现由"要我学"到"我要学"的目标。吉姆·崔利斯在《朗读手册》中写道："教师最核心的作用并不是教会学生朗读的方法，而是激发他们朗读的欲望。"选入教材的童话故事，特别是低段的选文，多是直观事件和形象的描写，人物性格鲜明，叙述往往充满情趣，富有情节变化和强烈的感情色彩。这些选文句式简洁，语言浅显、生动，读起来朗朗上口，其言语结构适合儿童的表达。在课堂上，教师要利用这些特点，不断激活学生的学习动机，让朗读一触即发。

例如，笔者在执教统编语文二年级下册《青蛙卖泥塘》一课时，笔者先引导学生借助词典理解"吆喝"一词的意思，再让孩子们回忆生活中见过哪些人在什么场合也"吆喝"过？话音刚落，孩子们的小手纷纷举起。显然，孩子们有类似的生活经验，这一问题激发了他们的学习兴趣。有学生回答在菜市场见过卖猪肉的阿姨吆喝过；有学生说夜市上卖奶茶的大哥哥大声吆喝；还有学生回忆水果店的姐姐也在大声吆喝。紧接着，笔者采访这些回答的同学，让学生描述一下他们是怎么吆喝的？有学生说他们的声音都非常的响亮；还有学生回答他们在吆喝的时候还会带上召唤的动作。显然，学生都有一双会观察的眼睛，一下子抓住了"吆喝"的显著特点。趁着孩子们高涨的学习热情，笔者马上邀请几位学生学着青蛙进行吆喝。一位学生马上站了起来，大声吆喝："卖泥塘喽，卖泥塘！"接着，另一位学生也自告奋勇地站了起来进行吆喝，而且还情不自禁地做了一个吆喝的动作。在这个教学片段中，笔者没有刻意指导朗读，但学生能将"买泥塘喽，卖泥塘！"朗读得有声有色，这就是学生内心情感的真实表达。

根据学习动机的来源，学习动机可以分为内部学习动机和外部学习动机。以上教学片段，教师更多的是从激发学生内部的学习动机，通过唤醒学生已有的生活经验和认知，不断激发学生的求知欲，促使学生主动地学习。那么，如何激发学生的外部动机呢？在童话朗读教学过程中，教师首先自身要做到热爱朗读。教师要以生动活泼、饱含情感、富有儿童色彩的语音语调为学生读童话，展现童话的丰富意蕴和多重情感。以此吸引学生的注意，激发学生朗读和走进童话世界的兴趣。

二、品析语言，让朗读坚守本位

余映潮老师曾说："深入细致的课文研读，是阅读教学设计的开端和奠基。对课文研读的领悟程度，直接影响着教学设计的质量，只有确有心得的阅读才能成就有质量的课。"童话语言字里行间散发着独特的味道，在备课时，教师要仔细琢磨，用自己敏锐的眼睛发掘字词以及标点符号的特点，带领学生在朗读中体会其深层次的审美意蕴，并将其变为课堂上独一无二的亮点。例如，特级教师窦桂梅老师在教学《卖火柴的小女孩》时，紧扣"冷"字，层层推进，让学生一下子置身于故事之中，感受到小女孩的悲惨命运。以下是这一板块的教学实录。

师：现在就让我们走进课文的第一自然段，来，放开声音读读。（学生齐读第一自然段）

师：再读读第一句话。（重点品味第一句）

生：（齐读）第一句——天冷极了，下着雪，又快黑了。

师：瞧，读到一个"冷"字，（课件突出"冷"）就自然会想到这个冷字背后的信息，这是告诉我们——

生：天气冷极了，"冷"字，交代了天气。

师：再往下读我们会发现还有一个字——"雪"呢，（课件突出"雪"）它也告诉我们一个信息：季节。

师：这是什么季节？（学生说冬天）

师：那"黑"呢？

生：这个"黑"字交代了故事发生的时间。

师：瞧，当你细读每句话，读到重点词的时候，你就会发现词后面传递给我们的信息。现在，再读这句话，味道就不一样了，来读读。

（读出两种不同的形式。一种是语调越来越高，一种是语气越来越深沉。随着老师的手势齐读。)

师：还是这句话，我们再读。读到"冷"，什么感觉？

生：我们感觉到冷，再加上"冷极了"，说明真的很冷。

师：注意紧跟这"冷"后面又出现的一个"雪"呢？

生：这两个词放在一起，就让人感觉更冷了。

师：再注意，这两个词后面又多了一个"黑"，又是什么感觉呢？

生：已经是三个"冷"了！让我感到那不是一般的冷，那是冷极了！

师：如果让我们在"冷"的前面加上一个字，怎样才能体现这不一般的冷呢？

生：加一个"极"，就是"极冷"。

生：不，我觉得加一个"寒"更好，"极冷"是说冷的程度，而"寒冷"的寒，不仅让我们体会到冷的程度，更让我们感到寒气逼人，令人觉得冷得可怕。(板书：寒。)

师：你看，还是这句话，我们又读到了一层意味，再读就更不一样了。来，我们把阅读到的滋味送到句子中去，读读。

(学生再一次用两种形式朗读这句话，语气要么由弱到强，要么由强到弱。精彩。)

师：(课件展示教师阅读批注的文本内容。) 我发现咱们班同学真会阅读。你们看，阅读一句话的时候，抓住重点的词语反复咀嚼，不仅读出了词语背后的信息，还读出了词语内在的感受。

师：现在我们回过头来再看，这段话一句也没有写小女孩，去掉可以吗？

生：不成，这是环境描写，很重要。通过细读，我们感觉故事发生的环境如此恶劣，预示着故事的悲惨，小女孩的不幸。

真正的语感不是教出来的，而是在一遍又一遍的朗读中历练形成的。"天冷极了，下着雪，又快黑了。"一句简单的环境描写，在窦老师的课堂上却如此的不简单。一个"冷"字，而且"冷极了"表明了冷的程度；天空下着雪，更冷；而此时天又快黑了，可以看出这是一个冬天的夜晚，又是一个冷。三个"冷"相叠加，让人不禁直打寒战，仿佛眼前就是大雪纷飞、寒风呼啸的场景。而这一天又是大年夜，原本是一家人团圆的时刻，小女孩却赤着脚在街上走着。读到这，不仅是环境带给我们寒冷，更让我们的内心感到寒冷。一句看似平常的环境描写却让学生立刻置身于故事氛围之中。从一开始放开声音地读，再到有味道地读，最后是带着阅读感受朗读，每一次朗读的过程就是语言、情感与思想和谐相融的过程。一次又一次的朗读，学生的语感得以加强，情感得以熏陶。

三、角色扮演，让朗读情趣盎然

表演是一种再创作，是一种体态语和有声语相结合的表达。一般而言，"演一演"环节会放在读故事、解故事之后，尤其是对故事的主题、情节以及人物的语言、神态、心理、动作充分的内化之后，才具备"演一演"的价值。特级教师蒋军晶老师在《童话到底怎么教》一文中写道："童话教学的核心，不是讲述，也不是分析，而是让学生进入童话，融入童话，成为童话的一分子，成为童话中的一个角色。"也就是说，表演不是简单的几个动作，而是学生基于文本产生情感共鸣的一种表达。

笔者以《青蛙卖泥塘》一课教学为例。这是一篇童话故事，总共12个自然段，围绕"为什么卖""怎么卖""卖成了吗"三部分展开故事，其中第二部分是故事的主体部分。故事运用了复沓的手法，写了青蛙听取小动物的建议，不断改造泥塘，使烂泥塘成了有花有草、鸟飞蝶舞的好地方。课文内容富有童真，语言充满童趣，深受学生喜爱。为落实"分角色演一演"这一教学目标，笔者设计了以下教学活动：

（一）学习第一次吆喝

1. 出示第三至第五自然段，指名学生朗读。

2. 提问：青蛙的吆喝把谁吸引过来了？学生模仿老牛的语气朗读，教师示范朗读，师生合作朗读。

3. 小组交流，自由讨论：老牛没有买下泥塘的原因以及青蛙是如何改造的。

4. 同桌合作，尝试分角色表演第三至第五自然段。

（1）微课引导学生回顾：一年级下册《小壁虎借尾巴》，学习分角色、做动作表演；二年级上册《狐假虎威》，学习重点可落在抓住人物表情分角色表演；二年级下册《青蛙卖泥塘》，学习重点是分角色并读好人物的对话。

（2）一组学生上台表演，其他小组评价建议。引导学生联系已有的表演体验，从"动作""表情""语言"三个方面进行评价，随机学习。

（二）学习第二次吆喝

1. 提问：除了老牛的话，同学们还从哪里读出了这个泥塘不怎么样？

2. 思考：野鸭不买泥塘的原因和青蛙听了野鸭的话又做了哪些改造。

3. 过渡：瞧，现在泥塘里有充足的水，周围还有绿茵茵的草，现在青蛙又会怎样吆喝呢？四人小组合作来演一演第六至第八自然段。

4. 各小组准备，上台展示，反馈评价。根据"做准动作""演好表情""记住对话"的标准进行评价。

　　学生"演一演"的能力并不能一蹴而就，需要一朝一夕的积累，并在日常教学中反复训练才能习得。要想演好课本剧，需要指导学生将"动作""表情""语言"演到位。因此，在日常教学中，教师要根据教材编写的特点以及课后习题的要求，借助不同课文有侧重地训练学生不同的能力。例如，在统编语文一年级下册《小壁虎借尾巴》中引导学生学习分角色、做动作表演；二年级上册《狐假虎威》，学习重点可落在抓住人物表情、分角色表演上；《青蛙卖泥塘》的教学重点则落在读好人物对话上。在课堂上，笔者借助微课引导学生回顾所学，唤起学生的记忆，同时梳理了知识框架，让学生深刻体会到要想演好课本剧就要把人物的"动作""表情""语言"演到位。当一组学生上台表演后，其他小组要进行评价，同时还要给出指导建议，评价的角度也要紧紧围绕"动作""表情""语言"这三个方面。整个教学活动下来，学生置身于情境之中，身心得以释放，增强了对文本的真实体验。

四、领会主旨，让朗读意犹未尽

童话的大多数作品内容积极向上，清新明快，起到了传递真、善、美的作用；但同时也有揭露生活乃至人性丑陋的一面，它往往采用善意的嘲讽进行批判，从反面传递出真、善、美的力量。因此，在童话教学中，教师不能忽视对主旨的探究和挖掘，要让学生透过文字看本质，从人物身上获取启发，进而让自身的行为得到优化，思想得到提升。到了这个阶段，学生对童话故事的朗读不单是"把握"和"感知"，而是实现自我与文本的"相融"。

对主旨的理解，教师要从"社会学视角"转向"儿童视角"。教学中，教师要充分尊重儿童的情感体验，给予学生更多维、更广阔的解读空间。例如，统编本二年级上册《雪孩子》是一篇非常感人的童话故事，雪孩子救了小白兔，自己却化成了水，虽然结尾说雪孩子飞上天空，变成了一朵美丽的白云。但读着读着，文字的背后流露出淡淡的感伤。在教学过程中，笔者就问孩子们："如果你是雪孩子，你会去救小白兔吗？如果去救，你自己就会化掉。"孩子们都勇敢地回答要选择去救小白兔，否则小白兔会有生命危险。接着，笔者继续追问："当你变成了水汽，不再是雪孩子了，你会后悔吗？"孩子们若有所思地回答："不会，因为救了小白兔，她是我最好的朋友。"此时，孩子们对雪孩子满怀敬佩，当他们在朗读"不，雪孩子还在呢！"时，声音是如此坚定与喜悦。的确，雪孩子还在，一直在孩子们的内心里。在和孩子们对话的过程中，善良的种子悄然间在儿童的内心根植。读这样的故事，让人意犹未尽。

当我们处在美好的世界里，享受欢乐的时光或者拥有美好的事物时，我们常常会说"像童话一般"。正如《蜘蛛开店》的作者鲁冰所说："如果你相信童话，你的人生就会是一个完美的童话。"同样，如果我们相信童话，那么我们的语文世界便是完美的童话王国。让我们带着一颗童心出发，让课堂实现童真与童趣并重，言语与思维齐驱，知识与文化共显。

紧扣文本特质　让朗读生长

——一下《棉花姑娘》教学

【教学目标】

1. 结合语境认识"棉""娘"等13个生字和大字头，会写"病""医"等7个字；

2. 通过自由读、合作读等多种形式正确、流利地朗读课文；读出祈使句请求的语气，读好文中角色的对话；

3. 通过比较，初步体会"碧绿碧绿的、雪白雪白的"这类词语的表达效果，并进行拓展；

4. 了解不同的动物吃不同害虫的科学常识。

【教学过程】

板块一：猜谜导入，揭示课题

1. 出示谜语，引导学生猜一猜。

说它是花不是花，天冷人人需要它。白白胖胖多可爱，纺纱织布全靠它。

2. 出示棉花生长过程图。教师讲解：春天种棉花，夏天就开花了，秋天结出"棉桃"，棉桃裂开了白花，棉花就长成了。（揭示谜底"棉花"，学习生字"棉"，说说"木字旁"表示的意思。）

3. 学习"姑娘"。

（1）出示课文插图，引导：同学们，你们瞧，这雪白雪白的棉花咧开了嘴微笑着，多么像可爱的姑娘。谁能和棉花姑娘亲切地打个招呼。

（2）出示带音节的"姑娘"，指导学生读好轻声。

（3）邀请班里的女同学和大家打招呼，借助形声字的特点，理解"娘"的含义。

4. 齐读课题。

板块二：初读课文，整体感知

1. 出示学习任务：①自由朗读课文，要求读准字音，读通句子，难读的地方多读几遍；②读完之后，用铅笔标出自然段序号；③用横线画出不理解的地方。

2. 交流反馈。

（1）出示重点字词，指名读、开火车读、全班齐读。

　　蚜虫　医生　治病　燕子　树干
　　碧绿　斑点　惊奇　瓢虫　裂开

重点点拨：

①交流"蚜"识记方法——利用"虫加牙"加一加。

②交流"治"的识记办法，拓展"三点水"的字，引导学生组词"治理""治病"。

③出示象形字"燕"的字源演变，感受汉字的奇妙。

④通过比较，识记"斑"。斑点的"斑"和哪一个字很像？预设：班。

⑤通过换偏旁，比较"漂""飘""瓢"字形的异同。

（2）反馈课文的6个自然段和6幅漫画，指名学生逐段朗读课文，交流不理解的地方。

3. 再读课文，把握内容。

（1）出示学习任务：请同学们再朗读课文，圈一圈动物医生的名字。

（2）交流反馈，教师用相机出示燕子、啄木鸟、青蛙、七星瓢虫的图片。

（3）出示填空，引导学生整体把握故事内容。

棉花姑娘生病了，她请来了（　　）（　　）（　　）来帮忙治病，可是他们都帮不上棉花姑娘的忙，最后（　　）治好了她的病。

板块三：聚焦词句，品读感悟

1. 聚焦"可恶"，感受生病的痛苦

（1）过渡：棉花姑娘怎么了？预设：生病了。同学们，你们生病的时候是什么感觉？出示课文第一幅插图，指导学生带着感情朗读"棉花姑娘生病了"。

（2）探究生病的原因，理解"可恶"。

①播放学生录制的微课：

大家好！我是蚜虫。你们别看我长得比芝麻还小，我的胃口可大了！我最喜欢吸植物的汁液，被我吃过的植物，很快就会枯死。啊哈哈……

②同学们，听完蚜虫的介绍，你觉得这是一只怎样的蚜虫？预设：可恶。

③指导朗读。可恶的蚜虫只有一只吗？只有两只吗？显然不是，叶子上有许多可恶的蚜虫。指名读，合作读，读出蚜虫的可恶。

（3）聚焦"多么""！"，体悟心情。

①这么密密麻麻的蚜虫在棉花姑娘身上，此时她最大的愿望是什么？学生读——

她多么盼望有医生来给她治病啊！

②出示修改句子：

她盼望有医生来给她治病啊！

引导学生比较朗读，感受棉花姑娘急切盼望的心情。

③引导学生关注标点，读好"！"，指导学生朗读。

2. 求医之路，感受探寻的艰辛

（1）创设情境，读好棉花姑娘和燕子的对话。

①棉花姑娘盼望着盼望着，终于燕子飞来了。棉花姑娘对燕子说了什么？请同学们用横线画出来。

②出示句子。棉花姑娘说："请你帮我捉害虫吧！"引导学生关注"请"，指导朗读祈使句，读出请求、盼望的语气。

③燕子又是如何回答棉花姑娘的呢？请同学们用波浪线画出。出示：燕子说："对不起，我只会捉空中飞的害虫，你还是请别人帮忙吧！"

④理解燕子拒绝的原因。创设情境：在座的同学们，假如现在你们都是燕子，你们会愿意帮忙吗？学生分角色扮演，体会燕子的歉意，指导朗读。

⑤分角色朗读，合作读好棉花姑娘和燕子的对话。

（2）合作学习第三、第四自然段。

①出示学习活动：1）自由朗读第三、第四自然段；2）用横线画出棉花说的话，用波浪线画出动物医生说的话；3）小组成员说一说动物医生给棉花治病了吗？为什么？4）分角色扮演，合作朗读。

②指名小组展示，师生相机点评。重点指导朗读：

棉花姑娘生病越来越严重，心情越来越着急；其他动物医生内心很想帮忙，可是又无能为力。

3. 治好病症，感受健康的喜悦

（1）过渡：

棉花姑娘越来越担心，越来越害怕，这时候飞来了一群圆圆的小虫子，而且很快就把蚜虫吃光了。

棉花姑娘认识这些小虫子吗？预设：不认识。

①聚焦“惊奇”，引导学生理解棉花姑娘此时的心情，指导朗读。

②出示七星瓢虫的自我介绍，引导学生来扮演讲述。

③合作朗读棉花姑娘和七星瓢虫的对话，重点指导七星瓢虫的语言朗读，读出自豪之感。

4. 比较朗读，感受效果的不同

（1）过渡：在七星瓢虫的帮助下，棉花姑娘发生了怎样的变化？

①训练说话：出示棉花姑娘生病前后的照片，引导学生观察并交流。

②聚焦文本：请同学们读一读课文是如何描写的？预设：长出了碧绿碧绿的叶子，吐出了雪白雪白的棉花。

（2）出示句式，引导学生对比朗读，感受表达效果的不同。

句子一：不久，棉花姑娘的病好了，长出了碧绿碧绿的叶子，吐出了雪白雪白的棉花。

句子二：不久，棉花姑娘的病好了，长出了碧绿的叶子，吐出了雪白的棉花。

①请男、女生分别朗读句子，寻找不一样的地方。

②说一说课文中使用“碧绿碧绿”“雪白雪白”的表达效果。

③拓展：还有哪些东西可以用"碧绿碧绿""雪白雪白"来形容？

（3）齐读课文第六自然段。

板块四：创编对话，书写指导

1. 出示课后练习第二题，练一练，说一说。

（1）学生完成练习。

（2）借助图示讲一讲"棉花姑娘"的故事。

2. 创编故事。森林里的捉虫高手还有壁虎，棉花姑娘见到壁虎又会怎么说呢？壁虎又会怎么回答呢？

3. "医""病"二字的书写指导。

（1）观察结构；（2）掌握笔顺；（3）学生练写，教师巡视指导。

4. 语境中巩固书写。

　　　　　　　　shēng bìng　　　　　　　yī shēng　　　　　　　bìng

棉花姑娘（　　　）了，她多么盼望（　　　）能来给她治（　）啊！

寻找永恒不变的东西
——四下《巨人的花园》教学

【教学目标】

1. 认识"硕""允"等8个生字，会写"砌""牌"等11个生字，会写"柔嫩""丰硕"等13个词语。

2. 通过读课文，找关键词句，能说出花园发生的变化和巨人的转变；通过品读巨人的言行，体会巨人的形象特点，明白快乐应当和大家分享的道理。

3. 有感情地朗读课文，想象画面，演绎情境，从超常的人物与离奇的情节中感受童话故事的奇妙，了解童话表达方法等方面的特点。

【教学过程】

板块一：导入新课，整体感知

1. 直接导入新课，板书课题。今天我们要学习《巨人的花园》，这是英国著名作家王尔德的作品。

2. 预习反馈，重点生字、词点拨。

3. 整体感知：自读课文，用自己的话说一说故事的主要内容，谈谈故事中令人印象深刻的情节与人物，并交流自己初步的阅读体会。

板块二：学习第一至第二自然段，感受花园的美丽

1. 出示学习任务：自由朗读第一、二两个自然段，用一个词形容这是一个怎么样的花园？画出相关语句，写好阅读批注。

2. 展开想象，你仿佛都看到了哪些画面？指导朗读。

板块三：细读第三至第九自然段，感受花园第一次的变化

1. 过渡：

但是，在巨人回来之后，花园发生了巨大的变化。

请自由读一读第三至第九自然段，花园发生了哪些变化？用横线画一画。

2. 学生自由朗读，完成学习活动。

3. 聚焦第七自然段，读出没有孩子们的花园景象。

（1）指名读画线的句子。

（2）重点品读句子一：

小鸟不肯在他的花园里唱歌，因为那里没有孩子们的踪迹；桃树也忘了开花；偶尔有一朵美丽的花从草丛中伸出头来，可是一看见那块布告牌，就马上缩回到地里睡觉去了。

①指名读。

②圈出文中景物。

③情境体验，感受童话的奇妙：请你想象自己是一种景物，用身体表现这种"景物"。引导学生根据"小鸟不肯在他的花园里唱歌""桃树也忘了开花""一朵美丽的花从草丛中伸出头来""却又马上缩回去"等词句进行表演，感受小鸟、桃树、花对巨人的不满。

④指导朗读。

（3）品读句子二：

高兴的只有雪和霜两位。他们嚷道："春天把这个花园忘了，我们一年到头都可以住在这儿啦！"……

①除了这些景物，还出现了冬天特有的景物。指名学生说。

②教师朗读，引导学生说感受。体会寒冬"冻住"花园的凄凉景象。

（4）如果你就是巨人，面对这样的花园，心情如何？有什么想说的？指名交流。

（5）出示第八自然段，齐读。

4. 聚焦第三至第六自然段，探究变化的原因。

（1）为什么会发生这样的变化？请你再读一读第三至第六自然段，找一找原因。

（2）交流：

①聚焦行为：

巨人四周砌了一道高墙，挂出布告牌。

②聚焦语言：

巨人叱责孩子，自言自语。

（3）思考：从这里，你可以看出巨人是一个怎样的人？引导学生从巨人的语言、行为中品析巨人的冷酷、自私。

（4）指导朗读。

5. 归纳表达方法——对比。课文先写巨人回来前的花园如此美丽，充满快乐，然后写巨人回来后的花园狂风怒吼，满眼冰雪。两种场景的对比，更是体现了没有孩子的花园让人倍感凄凉。

6. 教师学法小结：刚刚我们按照"读语段——画变化——找言行——析形象"的四个学习步骤探究花园第一次神奇的变化。我们了解到巨人是一个自私的人，是他的冷酷使得原本生机勃勃的花园变得如此凄凉。接下来，请同学们按照四个步骤小组合作，学习第二次变化。

板块四：合作探究，感受花园第二次的变化

1. 出示学习活动：默读第十至第十五自然段，小组合作，按照"读语段——画变化——找言行——析形象"探究花园的第二次变化。

2. 交流变化。

……一只小小的梅花雀在窗外唱歌。……桃树看见孩子们回来十分高兴，纷纷用花朵把自己装饰起来，还在孩子们头上轻轻舞动胳膊。花儿草儿们也从绿草丛中伸出头来。

（1）指名读。（2）抓住"唱歌""纷纷""装饰""舞动"等词语体会花园的美丽以及花园生机勃勃的景象。（3）指导朗读。

3. 交流形象。

（1）巨人的形象又发生了什么变化呢？

（2）品读语句：

他对自己说："我多么自私啊！现在我明白了……"他十分后悔自己先前的举动。

巨人悄悄地走到他身后，轻轻抱起他，放到树枝上。

巨人对他们说："孩子们，花园现在是你们的了。"他拿出一把大斧子拆除了围墙。

①交流，各抒己见，引导学生通过抓住关键词"后悔""抱""拆除"等体会巨人内心的温柔与善良。

②总结提炼：从这些句子中你又感觉巨人是一个怎样的人呢？预设：巨人并非自私冷酷，而是一个内心温柔善良的人。

③朗读感受。

4. 聚焦第十三自然段，感受巨人的变化。

（1）是什么原因让巨人前后的举动判若两人呢？

（2）出示第十三自然段，指名读。

（3）引导学生明白，没有孩子的地方就没有春天，快乐应当和大家分享。

5. 朗读第十四、第十五自然段，感受孩子们和巨人的快乐。

板块五：拓展延伸，课外阅读

1. 出示原文结尾，引导学生和课文的结尾做比较，聊一聊你更喜欢哪一个结尾，为什么？

原文结尾：春去春来，巨人变老了，身体虚弱了。他再也玩不动了，只能坐在一把巨大的摇椅上，一边看着孩子们在花园里做游戏，一边欣赏着满园怡人的景色。他常说："我有美不胜收的花朵，但孩子们比最美的鲜花还要美上三分。"

2. 推荐学生阅读《快乐王子》《西班牙公主的生日》《星孩》等作品，引导学生进一步领略王尔德童话故事的美妙与丰富。

3. 课堂小结：读一个童话故事，我们不能仅仅满足于那些奇妙的吸引我们眼球的变化，更重要的是，我们要透过这些神奇的变化，看到童话故事背后那些隐藏的，永恒不变的东西——这才是我们的生命根基。

在"读"与"演"中享受童话
——二下《青蛙卖泥塘》教学实录（第1课时）

【教学目标】

1. 通过联结、字理、对比等方法会认"卖""烂""牌"等12个生字，会写"蛙""卖""搬""倒"4个生字；

2. 整体感知课文内容，能抓住"不怎么样"等重点词语，了解青蛙在卖泥塘的过程中听取了哪些建议，怎样将泥塘进行改造；

3. 朗读课文，在小组分工、合作中分角色表演第三至第八自然段。

【课堂现场】

板块一：儿歌激趣，导入新课

师：同学们，在今天的课堂上，陆老师请来了一位老朋友，请你读一读这首儿歌，找一找老朋友是谁？

（屏幕出示：《小青蛙》，学生朗读。）

河水清清天气晴，小小青蛙大眼睛。
保护禾苗吃害虫，做了不少好事情。
请你爱护小青蛙，好让禾苗不生病。

生：我找到了，他是青蛙。

师：没错，小青蛙又来和大家见面了。同学们，请你回忆一下我们在学习哪些课文的时候遇到过他？

生：我记得在学习《青蛙写诗》的时候遇到过他。

生：在学习《小蝌蚪找妈妈》的时候，我们遇到过他。

师：一回生，二回熟，我们和青蛙是老朋友了！我们一起和青蛙打个招呼吧。（学生大声朗读"青蛙"）哪位能干的同学能来说一说有什么方法来记住这个"蛙"字？

生：这个字和"娃"很像，就是偏旁不一样。

师：真会动脑筋，用上了换偏旁的方法。

生：我编了一句顺口溜：青蛙在土里捉害虫。

师：你太有才了！我们跟着他读一读顺口溜。（学生读：青蛙在土里捉害虫。）

请同学们在方格中和陆老师一起来写一写"蛙"字。

（师生同写"蛙"，教师重点点拨。）

师：青蛙是捉害虫的高手，左边虫字旁，青蛙生活在洼地里，右边两个"土"，"土"的最后一笔横要长。

师：瞧，青蛙来了。他在干什么？（屏幕出示图片）

生：卖泥塘。

师："卖"这个字很有意思，它和哪一个字是兄弟？

生：买。

师：陆老师考考大家，你们知道"卖"和"买"的意思吗？青蛙把自己的泥塘用于换钱就是——卖（学生读），小动物们为了得到泥塘就用钱——买（学生读）。

师：我们该如何写好"卖"字呢？

生：要注意最上面的"十"要写得小一点。

生：我要提醒大家注意最后一笔不是捺。

师：谢谢你们的提醒！接下来，就请同学们一边说笔顺，一边在方格中端端正正地写一个"卖"。

（学生书写，教师巡视，相机展示点评。）

师：今天让我们一起走进课文《青蛙卖泥塘》，我们一起响亮、整齐地读一读课题。

生：青蛙卖泥塘。

板块二：初读课文，整体感知

师：请同学们打开课文第 92 页，自由读课文，要求：读准字音，读通句子，做到"三不"：不错字、不添字、不漏字。

（学生自由朗读课文）

师：同学们读得特别认真，这些词语你都会读了吗？

屏幕出示：

水坑坑　挺舒服　绿茵茵

师：同学们，你们发现了吗？前两个词语后两个字要读——

生：轻声。

师：请大家再读一遍，注意词语的后两个字的轻声。

生：水坑坑，挺舒服，绿茵茵。

师：声音响亮，轻声读得真好听！哪位小老师愿意来读第二组词语？

屏幕出示：

采集　播撒　草籽

生：采集，播撒，草籽。

师：这一组的词语很有意思，陆老师读"采集"，你们跟着读——

生：草籽。

师：草籽可以采集，还可以——

生：播撒。

师：请男生齐读第二组词；请女生齐读第二组词。

师：我们继续来学习第三组词，请大家一起读。

屏幕出示：

栽了树　种了花　修了路　盖了房

生：栽了树，种了花，修了路，盖了房。

师：同学们，我发现这位同学读起来像百灵鸟一样动听。你愿意站起来读给大家听一听吗？

生：栽了树，种了花，修了路，盖了房。

师：请同桌来点评，你觉得她读得如何？为什么？

生：我觉得她在读的时候，把"了"读得特别轻而短。

师：不愧是同桌，你点评得也很有水平。请同学们一起学着她的样子，读一读这组词，要把"了"读得特别轻而短。

生：栽了树，种了花，修了路，盖了房。

师：字音难不倒大家。接下来，请同学们再读一读课文并完成以下三个问题。

问题一：青蛙为什么想要卖泥塘？

A. 喜欢城里热闹　B. 泥塘不怎么样

问题二：哪些小动物来看过泥塘？（多选题）

A. 老牛　B. 野鸭　C. 小鸟　D. 蝴蝶　E. 小兔　F. 小马
G. 小猴　H. 小狐狸

问题三：最后，泥塘被卖出去了吗？

A. 卖出去了　B. 没有卖出去

师：哪位同学能自告奋勇回答第一个问题？

生：我觉得选 B。因为课文第一自然段说"他觉得这儿不怎么样"。

师：回答得有理有据，知其然还知其所以然。我们一起把课文第一自然段读一读。

屏幕出示：

青蛙住在烂泥塘里。他觉得这儿不怎么样，想把泥塘卖掉，换一些钱搬到城里住。

（学生齐读）

师： 同学们，你们在生活中见过烂泥塘吗？

生： 我见过，烂泥塘里有很多水和很多泥巴。

生： 我在乡下的路边见过，就像一个水坑，还有点臭。

生： 稀巴烂的泥塘还很脏。

师： 你们可要当心了，千万别踩进去。（相机出示烂泥塘图片）像这样又脏又有点臭的烂泥塘，你们喜欢住吗？

生： 不喜欢。

师： 你们不喜欢，青蛙也不喜欢，你能用朗读告诉我吗？

（指名学生朗读第一自然段）

师： 你从他的朗读声中感受到青蛙的不喜欢了吗？

生： 感受到了。他在读"不怎么样"的时候特别重，让我感觉青蛙确实不喜欢烂泥塘。

师： 是啊，这烂泥塘的确不怎么样，让我们一起学着刚才这位同学的读法朗读第一自然段。

（学生齐读课文第一自然段）

师： 第一个问题挑战成功，第二个问题哪位同学愿意来抢答？

生： 我的答案是除了小马，其他都有。

生： 我不同意她的观点，我觉得小马也会有，因为文章"小狐狸说"后面是省略号，不排除还有小马的可能性。

师： 这位同学很会思考，文中虽然没有明确指出小马，但是你能从省略号中进行想象和体会，很有自己的想法。我们来看第三个问题，一起回答。

生： 选择 B，没有卖出去。

师： 你们又是从哪里得知的呢？

生： 课文最后一个自然段。

师： 同学们，谁能借助三个问题将故事连贯地讲一讲？

生：青蛙觉得烂泥塘不怎么样，于是想把它卖了。这时候，老牛、野鸭、小鸟、蝴蝶等动物都来了，可是他们都没有买。最后，青蛙决定不再卖泥塘了。

板块三：细读课文，演绎第一次"吆喝"

师：接下来，请同学们自由朗读课文第三至第五自然段，想一想青蛙是怎么吆喝的？青蛙的吆喝又把谁吸引过来了呢？

（学生朗读）

生：青蛙是站在牌子边大声地吆喝，他把老牛给吸引过来了。

师：（相机圈出"吆喝"）你们在生活中听到过吆喝声吗？

生：我听到过，在菜市场见到阿姨在吆喝着卖菜。

生：我在卖水果超市门口听到哥哥姐姐在吆喝，而且他们吆喝的时候还做着招手的姿势。

生：路边一些促销店的阿姨会大声吆喝卖商品。

师：在座的同学们，你们能替青蛙吆喝吆喝吗？

生：卖泥塘喽，卖泥塘！

师：她的吆喝声你能听见吗？

生：不能，太轻了。

师：这是一位紧张的卖家，卖自己的东西时要自信一点！你能给大家示范吆喝一下吗？

生：卖泥塘喽，卖泥塘！

师：这吆喝声够响亮的，把这个"喽"稍稍延长声音，相信方圆十里的小动物都听到了。请男生来吆喝吆喝。

（男生吆喝："卖泥塘喽，卖泥塘！"）

师：青蛙可是着急想要泥塘卖出呢！吆喝的时候语速还可以再快些。请女生来吆喝吆喝。

（女生吆喝："卖泥塘喽，卖泥塘！"）

师：瞧，你们的吆喝声可把老牛给吸引过来了（出示老牛图）。老牛老牛，在水坑里打滚挺舒服的，你就买了吧？

生：我才不买呢。

51

师：为什么呀？

生：要是周围有些草就更好了。

师：也对，老牛喜欢吃草，没有草那可不行。老牛见了泥塘之后，心情如何？

生：有点遗憾。

生：有些失望。

师：同学们，哪些动作和表情可以表示失望、遗憾呢？你能给大家示范吗？

（相机指名，学生一边摇头一边朗读）

师：你用摇头的方式表示不满意。你还会如何表示不满意？请你带上动作和表情读一读。

（相机指名，学生一边皱着眉头朗读，一边转头离去）

师：老牛对这泥塘真感到失望，皱着眉头默默地离开了。接下来，请同学们选择一种表示遗憾的动作和表情，一起来读一读老牛说的话。

（学生齐读）

师：老师发现老牛挺会说话的。先是说了泥塘的优点，然后再说泥塘的不足。这两层意思是用了哪一个词连接起来？

生：不过。

师：请你们对比读一读这两个句子，感受一下哪种说法更好？为什么？

屏幕出示：

> 这个水坑坑嘛，在里面打打滚倒挺舒服。不过，周围没有草，我不买。

> 这个水坑坑嘛，在里面打打滚倒挺舒服。不过，要是周围有些草就更好了。

生：我觉得课文中的说法比较好，语气比较委婉。

师：的确如此，委婉地表达意见不会让青蛙听着不舒服。我们一起连

52

起来读一读，注意前后语气的变化，可以继续用上刚才的动作和表情来表示。

（学生带上动作和表情朗读）

师：真是一头活灵活现的老牛，这段话被你们读活了。同学们，青蛙有没有听老牛的建议？他是怎么做的？

生：青蛙听取了老牛的意见。他去采集草籽，播撒在泥塘周围的地上。

师：谁能来做一做"采集"和"播撒"的动作？

（学生模仿动作）

师：经过青蛙的改造，烂泥塘周围变得怎么样？

生：周围长出了绿茵茵的小草。

师：（出示图片）这样的泥塘你们喜欢吗？（学生说喜欢）这个时候，青蛙又会如何吆喝的呢？

（出示句式："卖泥塘喽，卖泥塘！"）

生：卖泥塘喽，卖泥塘！泥塘周围长满了绿茵茵的小草！

生：卖泥塘喽，卖泥塘！现在泥塘很美丽哦！

生：卖泥塘喽，卖泥塘！现在泥塘很舒服啦！

师：同学们，这只青蛙很会思考，老牛不买他的泥塘，他就按照老牛的建议进行改造。男生扮演老牛，女生扮演青蛙，陆老师读旁白，我们一起合作朗读第三至第五自然段。

（师生合作朗读）

板块四：合作学习，演绎第二次"吆喝"

师：除了老牛的话，同学们还从哪里读出了这个泥塘不怎么样？

生：我从野鸭说的话中看出这个泥塘的水太少了。

师：青蛙听了野鸭的话又做了哪些改造？请同学们用横线画一画。

生：于是他跑到周围的山里找到泉水，又砍了些竹子，把竹子破开，一根一根接起来，把水引到泥塘里来。

师：（相机圈出动词）请同学们读一读这些词，你有什么感受？

生：我觉得青蛙改造得很辛苦。

生：我觉得青蛙这个工程很巨大。

生：我感觉青蛙要花很长的时间才能完成。

师：功夫不负有心人！瞧，现在泥塘里有充足的水，周围还有绿茵茵的草，现在青蛙又会怎样吆喝呢？接下来请同学们小组合作，尝试分角色表演第六至第八自然段。在排练之前，我们先来看一个微课，小凯导演会教你一些方法。

播放微课：

同学们，大家好！我是导演小凯，下面我来教大家如何表演。你们一定还记得《小壁虎借尾巴》这篇课文吧！通过学习，我们已经掌握了表演时要加上动作的要领；在学习《狐假虎威》时，我们学着狐狸的表情读好人物的语言；今天，小演员们要学会一起用上动作和表情哦！此外，小组成员要明确分工，比如可以分为"导演、旁白、青蛙、野鸭"四个角色，导演的主要任务是负责开场、介绍角色、打板开始、谢幕等工作。下面，就请同学们开始排练吧！

（各小组排练，一组学生上台表演，其他同学从"动作""表情""分工"三个方面进行评价。）

师：小朋友们，青蛙的泥塘最后卖出去了吗？还有哪些小动物对这个不怎么样的泥塘提出了建议，青蛙又做了哪些改造？我们下节课继续学习。

唤醒童话

浙江省杭州市下城区教师教育学院　曹爱卫

　　故事对儿童具有天然的吸引力。童话，因其想象丰富、形象夸张、情节奇特等特点，更是被儿童所喜爱。统编低年级教科书里，就编选了大量的童话故事。《青蛙卖泥塘》就是其中之一。

　　童话选入教科书，该怎么教？这是一个值得一线老师不断探索的话题。

　　若要在"童话"前面加一个动词，相信从脑海里蹦出来的，必是"讲""演""编"等词汇。可如何讲，如何演，如何编，这是大有讲究的。陆智强老师虽然年轻，但他对童话教学却有自己的理解，并勇于付诸实践。简言之，我认为他是重在把童话唤醒了。

　　唤醒童话的人物。童话里会出现很多人物，有的作为主要人物，在故事情节的推进过程中，不断出现，有的作为次要人物，出现在故事的某个情节中，还有的，可能隐含在某个词汇、标点里，需要读者自己去唤醒。比如《青蛙卖泥塘》里，就有隐含在文字和标点中的人物。

　　　　小鸟飞来说，这里缺点儿树；蝴蝶飞来说，这里缺点儿花；小兔跑过来说，这里还缺条路；小猴跑来说，这里应该盖所房子；小狐狸说……

　　细品这段话，可从三个层次去唤醒：第一层次，小鸟、蝴蝶、小兔和小猴，都只跑过来说了需要做什么，但他们怎么说的，说这话的时候又有哪些动作，课文并没有写出来，需要学生联系前面的老牛、野鸭的做法、说法来想象补充；第二层次，小狐狸又会提出什么建议，会怎么提建议；第三层次，省略号里还会有哪些小动物提出自己的建议。当跟着故事中的人物走进故事后，故事就在学生的心里活起来了。

陆老师虽然上的是第一课时，但是我分明感受到了他对文本的理解以及对第二课时的安排。他在整体感知部分，有意识地通过问题的形式，让学生去关注故事里写出来的人物，还有省略号里隐含着的人物。在后面的教学中，又重在引导学生体会人物的语言和动作，并用表演强化理解和认知。第二课时，他一定会把第一课时里关于人物的言行部分进行衍化，让人物形象更加丰满、更加丰富。

唤醒童话的语言。教科书中印刷着的文字语言，如果学生只是浮光掠影地看过，是不可能走进故事，对故事产生迷恋的。陆老师深知低年级儿童学习童话，需得唤醒童话语言，让语言深入到儿童的骨髓里。

陆老师对"吆喝"部分的教学，很好地阐释了他对唤醒童话语言的具体操作。他先让学生联系生活实际，回忆生活中在什么地方听到过谁吆喝。学生纷纷打开记忆的大门，有的说在菜市场见到过阿姨吆喝卖菜，有的说在水果超市门口听到哥哥姐姐吆喝卖水果，还有的看见过路边一些促销店的阿姨会大声吆喝卖商品……在唤醒学生的直观感受和体验的基础上，陆老师让学生替青蛙吆喝吆喝卖泥塘。在学生的实践中，再次去引导吆喝时要自信一点，要足够响亮，语速可以快一些，还要把"喽"稍稍延长声音，这样方圆十里的小动物才能都听到……再到最后一次"吆喝"，实现语言的迁移和运用。

"吆喝"一词，如果教学仅仅停留在读准字音、记住字形的角度，留在学生记忆里的，只是作为文字的两个符号，和学生个体的生命、情感并没有产生关联，这样的语言是消极的。陆老师的教学，则是把躺在书上的文字唤醒了，站起来了，走进学生的心里了！

唤醒童话的情节。童话的情节是动态的，读者真正走进童话后，自然会在脑海里形成连续的画面，不过这种画面，是内隐的，不为外人所知的。若表演出来，则把情节外显化了，是可见、可知、可感了。

陆老师的课堂，把情节的唤醒作为教学的一个重要抓手。在精读老牛看泥塘部分，课文并没有用任何动语直接描写老牛对泥塘的不满意。陆老师就让学生去想象，老牛会用什么动作来表达自己的不满意，学生摇头、皱眉。学生一旦加入这些动作来读课文，情节就活泼泼地展现出来了。还有后面的表演等，也都是对唤醒情节的有效方式。

陆老师教低年级童话，不仅注重唤醒童话，还很关注低年级基本的阅读目标的达成，如识字，借助词组形式来认识生字词，初步建构故事的意义；借助问答题的形式梳理人物，了解故事的主要内容等，都是非常有效的教学方法。

当然，没有哪一节课是完美的，所有的课都有值得再改进的地方。若要给陆老师的课提点建议，下面两个方面可以斟酌：

一是对课文中典型语言现象的把握。比如本课中老牛和野鸭的话语，核心是在给别人提意见的时候，要先说优点，再指出不足。而不仅仅是在"不过"后面部分用词上的委婉，这里语言练习的教学重心可以再调整下。

二是写字教学的适当安排。识字写字是低年级阅读教学的重点，一篇课文一般安排两个课时，一篇课文有八、九个字的写字量，如果都安排在第二课时，学生的书写质量可能较难得到保证。

第三辑

寓言朗读教学

"寓言是一个怪物，当它朝你走来的时候，分明是一个故事，生动活泼；当它转身要走开的时候，却突然变成了一个哲理，严肃认真。"深深的道理，浅浅地说。朗读是寓言教学向上，向美，向善的阶梯；朗读又是一座奇特的桥梁，通过它，可以使复杂的寓言故事走向简单，又可以使单纯的寓言故事走向丰富。

读出一片敞亮的寓言世界

"寓言"一词最早见于《庄子·寓言》："寓言十九，重言十七，卮言日出，和以天倪。"《教育大辞典》中对寓言的定义是："寓言是明显隐含巧喻意义的巧短故事，特点是主题鲜明，每个故事都有明显的寓索，多是借此喻彼，借远喻近，借古喻今，借小喻大，使事理或哲理从简短的故事中体现出来。语言简练、概括性强，给人思索的余地。"综上所述，寓言是一种用象征或讽喻手法表现深邃道理的一种文体。

寓言是统编小学语文教科书中选文的重要体裁之一。通过梳理，整个小学阶段总共有 21 篇寓言选文。如下：

年级	选文	国家
一年级上册	《乌鸦喝水》	古希腊
一年级下册	《咕咚》	中　国
二年级上册	《曹冲称象》《坐井观天》《寒号鸟》《我要的是葫芦》《狐假虎威》	中　国
二年级下册	《亡羊补牢》《揠苗助长》	中　国
三年级上册	无	
三年级下册	《守株待兔》《陶罐和铁罐》	中　国
	《狮子和鹿》	古希腊
	《池子与河流》	俄罗斯
四年级上册	《扁鹊治病》《纪昌学射》	中　国
四年级下册	《囊萤夜读》《铁杵成针》	中　国
五年级上册	无	

年级	选文	国家
五年级下册	《自相矛盾》《田忌赛马》	中　国
六年级上册	无	
六年级下册	《学弈》《两小儿辩日》	中　国

从列表中可以看出，寓言故事有来自中国的也有来自外国的，虽然来自不同的国家、产生于不同的时期，但可以引导学生从中寻找寓言的共性。根据选材的特点，描写人物的称之为"人物寓言"，例如《曹冲称象》《两小儿辩日》《揠苗助长》等；描写动物的称之为"动物寓言"，例如《乌鸦喝水》《咕咚》《坐井观天》等。教材中，小学低中段的寓言故事偏趣味性，而高段的选文注重说理性。

我国著名儿童文学作家严文井曾说："寓言是一个怪物，当它朝你走来的时候，分明是一个故事，生动活泼；当它转身要走开的时候，却突然变成了一个哲理，严肃认真。寓言是一座奇特的桥梁，通过它，可以从复杂走向简单，又可以从单纯走向丰富。"笔者认为，如何亲近寓言，如何认识寓言的多面？其教学的落脚点不仅在"寓"，还在"言"，而要想达成两者，唯有朗读。换言之，朗读是寓言教学向上、向美的阶梯，朗读在寓言教学中仍占据一席之地。笔者从以下四个方面与大家探讨。

一、通过读，聚焦与透视人物形象

人物形象是寓言故事的主角。这里的人物，不仅包括工匠、渔夫等真正的人，还包括拟人化的动物。寓言中出现的人物形象往往与其他文学体裁中的人物形象有所不同，寓言中的人物形象更具有象征性。作者在塑造人物的过程中，承载着所要表现的寓意。如何解读寓意，聚焦与透视人物的语言、动作、神态等细节描写尤为重要。

例如，统编语文三年级下册第五课《守株待兔》讲述的是一位宋国的农夫，看见一只兔子撞在树桩上死掉了，便放下手里的农具整天守着树桩，希望再捡到撞死的兔子。学生读完故事之后，对农夫愚蠢可笑的行为留下了深刻的印象。在教学时，教师不妨引导学生抓住人物的行为，想象人物的心理活动，体会其愚蠢可笑之处，进而领悟故事的道理。具体可以从以下三个步骤推进：第一步初读：引导学生借助插图展开想象"兔子折颈而死"之后，农夫心里会想些什么？第二步再读：读一读文本，画一画之后农夫做了哪些行为？聚焦"释其耒而守株"。第三步研读：引导学生围绕"农夫为什么会被宋国人笑"展开讨论。第四步演读：角色代入，提问学生如果你是宋国人，你会怎么嘲笑农夫，会对他说些什么？

再比如，统编语文三年级下册第六课《陶罐和铁罐》通过对话展开故事情节，并推动故事情节的发展。"陶罐子""懦弱的东西""住嘴""你算什么东西"等语言，表现了铁罐的傲慢无礼；"不敢""我们还是和睦相处吧"则体现出了陶罐的善良、谦虚。在教学中，教师要引导学生剖析对话中的称呼、提示语、标点符号和句式的变化，想象陶罐和铁罐在对话时彼此的神态、心理等，通过分角色朗读、男女生合作读、表演读等多种形式的朗读，体会两个角色不同的性格特点。

二、通过读，发生与碰撞高阶思维

在当下语文课上，很多教师会关注学生听、说、读、写能力的培养，而常常忽视思维的生长与拔节。什么是高阶思维？语文特级教师闫学老师曾指出："所谓高阶阅读，是指学生在阅读活动中，对文本的理解、使用、评价、反思和参与等阅读能力能够超越在同一时空维度同龄学生的平均水平。在阅读情境、阅读文本和阅读策略上表现出更加丰富多元与灵活多变的适应性，体现出更有深度与高度的思维发展水平。"寓言故事是学生思维发展的不竭之泉。在寓言教学中，又该如何启迪学生发生高阶思维的碰撞呢？

笔者以《陶罐和铁罐》的教学为例，很多教师在教学中会借助陶罐和铁罐的不同结局，采访学生明白了什么道理。大多数学生会这样表达："我们要学习陶罐的谦虚，不能像铁罐一样傲慢。"表面看教师的提问、学生的回答并没有错误，但这样的提问限制了学生思维的发散。其实，寓言中两个人物各有优缺点，不妨建议教师这样向学生提问："陶罐和铁罐各有什么长处?"在交流互动中形成多元思维的碰撞,明白故事中人物的结局是由各自的特点所决定的。接着,引导学生由物及人,认识到每个人都有自己的长处和短处,要善于发现和欣赏他人的闪光点,学会客观地看待自己和他人。整个学习过程实现从"文本"到"自我"到"生活"的突破,引爆思维的一次次狂欢。

此外,还可以通过同一主题或同一类型的群书阅读、群文阅读来锤炼学生的思维品质,加深学生对寓言文体的认识,提高阅读寓言的能力。林语堂先生有一个观点:学问是每每互相关联的,一人找到一种有趣味的书,必定由一问题而引起其他问题,由看一本书而不能不去找关系的十几种书,如此循序渐进,自然可以升堂入室,研究既久,门径自熟;或是发现问题,发明新义,更可触类旁通,广求博引,以证己说,如此一步一步地深入,自可成名。例如,在教学《陶罐和铁罐》时,可以借助课后"阅读链接",引导学生将《北风和太阳》进行比较阅读。在比较中,学生不仅能梳理并感知寓言故事的共性,还能形成文体性的认知体系,实现从"教课文"到"教语文"的转变。具体教学流程可以围绕以下两个步骤展开:第一步,默读故事《北风和太阳》,想一想北风和太阳之间发生了什么事情?北风为什么悄悄地溜走了?第二步,《陶罐和铁罐》和《北风和太阳》两篇文章有什么相似之处?引导学生从性格和结局的角度进行比对。比如,铁罐和北风都只看到了自己的长处,结果都以失败告终。

三、通过读,深入与浅出故事寓意

由于寓言故事年代久远,很多学生会认为寓言故事仅仅是作家编写的故事,而其中传达的道理与自己无关,在心理上产生隔阂。在教学中,教师要打破隔阂,努力将寓言故事所阐述的道理和学生的学习、生活相联系。通过自我映照,让学生发现,原来这种现象竟然发生在自己的身边。学生在情境学习中接受正确价值观的引导,形成高尚的道德品质。

例如,《坐井观天》一文通过生动有趣的对话,向读者讲述了一个寓意深刻的故事:一只整天坐在井底,一抬头就能看见天的青蛙,以为天只有井口那么大,全然不知小鸟所说的井外的天空无边无际。在教学过程中，教师不能只引导学生明白故事的寓意，还要引导学生反思自我，联系自身，明白在生活中看问题，认识事物要全面，不能自以为是。

再比如，《池子与河流》是一首寓言诗，通过两者之间的对话，传递了两种不同价值观的生活方式以及不同的人生态度。池子追求自由自在、清闲享乐的生活；河流则是希望奔腾不息，勇往直前，能给人们带去利益。对于池子的质疑，河流保持着清醒的头脑，因为他坚信——水要流动才能保持清洁。在教学过程中，教师以分角色朗读的形式带领学生深入理解诗歌的主要内容，领悟池子与河流的观点。接着，教师引导学生联系生活实际进行辨析：池子和河流的观点，你更赞成哪一种？为什么？你在生活中有没有分别遇到类似池子和河流的人？你会对他们分别说些什么？其实，学生对于此故事的寓意基本理解，教师不需要灌输，也不需要拔高，只要学生能联系生活实际说出相应的看法，把高深的道理用熟悉、浅显的例子表达出来即可。

四、通过读，铺垫与蓄势综合活动

《义务教育语文课程标准（2011年版）》提出："语文课是实践性课程，应着重培养学生的语文实践能力。"在教学中，教师应充分发挥寓言故事的优势，积极创设多种语用实践活动，培养学生良好的语感能力、交际能力、团队合作能力等。

例如，教师根据小学生表演欲强的特点，可以开展"编课本剧"的活动。在角色扮演中，教师引导学生仔细揣摩当下人物的语言、心理、神态，反复斟酌，以此促进学生朗读能力的提升和寓言故事主旨的领悟。反而言之，学生的朗读能力也奠定了课本剧能否成功的关键所在。再比如教师在课堂上通过多种形式的朗读、演绎寓言故事，以此激发学生阅读寓言故事的兴趣，教师应顺势而为，积极开展"寓言故事我爱读""寓言故事人物大揭秘"等课外阅读活动，引导学生从被动读书到主动读书转变。最后，教师还可以组织丰富多彩的小练笔活动。在最合适的时机，引导学生从已有的最近发展区出发，抵达新的最近发展区。这是学生有了情感体验之后自然所生发的，因而每一次的小练笔都是顺理成章，水到渠成。例如学生学完《寒号鸟》之后，可以引导他们写一写对寒号鸟想说的话；当学生初步了解寓言文体特征，可以引导学生尝试创编寓言故事等。总之，教师要找出寓言故事中留有空间且值得发挥的地方，给学生实现语言实践的机会。

深深的道理，浅浅地说。朗读是寓言教学向上，向美，向善的阶梯。儿童在品读寓言的过程中，一帆风顺时，教师往后退一退；迷迷糊糊时，教师轻轻点一点；兴趣盎然时，教师积极推一推。语文味、儿童味、寓言味便在退、点、推中相互交融，畅读文言，课堂生香。

比对劝告　读出意味

——二上《寒号鸟》教学

【教学目标】

1. 认识"堵""缝"等15个生字，读准多音字"号""当"，会写"面""阵"等8个字，会写"山脚""当作"等12个词语。

2. 借助各种形式的朗读，读好人物对话。通过聚焦两次劝告，读懂课文。

3. 能联系生活实际，加深对故事寓意的理解。

【教学过程】

板块一：开门见山，导入新课

1. 今天我们一起走进寓言故事。出示课题，指名读。

2. 教学多音字：号；借助字典了解两种读音和含义。在读第二声时可以组词（出示词语"寒号鸟""号哭""号叫"，男生读。第二声一般指拖长声音大声呼叫的意思）；在读第四声时可以组词（出示词语"口号""学号""问号"，女生读，第四声一般指名称、名字的意思）。

3. 补充资料，了解寒号鸟。同学们，你们见过寒号鸟吗？一起来看一看吧！（出示图文："寒号鸟"其实并不是鸟，是一种哺乳动物，它长得像小松鼠；它的学名叫鼯鼠。）

板块二：初读课文，整体感知

1. 出示学习任务：自由朗读课文，要求读准字音，读通句子，难读的地方多读几遍；遇到不理解的地方用横线画出。

2. 初读反馈，整体感知故事内容。

出示第一组：

一堵石崖　一道缝　一条河　一棵大杨树

（1）指名读，再齐读，注意"一"的变调。

（2）理解"缝"的意思；拓展补充：牙缝；石缝。

（3）积累量词，拓展运用：一（　　）鱼；一（　　）苹果；一（　　）墙。

出示第二组：

东寻西找　衔来枯草　忙着做窝　准备过冬

只知道出去玩　累了就回来睡觉　不听劝告　伸伸懒腰

（1）自由读，指名读，全班齐读。

（2）请同学们思考老师为什么要把词或短语分成两行？预设：上面一行描写喜鹊的行为；下面一行描写的是寒号鸟的行为。

（3）展开想象，初步感知：读着这些词语，你仿佛看到了怎样的喜鹊和寒号鸟？

出示第三组：

寒冬腊月　大雪纷飞　北风狂吼　冷得像冰窖

（1）自由读，指名读，注意"窖"的读音。

（2）展开想象：读着这些词语带给你什么样的感受？仿佛看到了怎样的画面？

出示第四组：

住在温暖的窝里　冻得直打哆嗦　重复着哀号　冻死了

（1）指名读；男女生轮流读。

（2）师生合作朗读，整体感知故事：

（师）同学们，在冬天快要到之前，喜鹊忙着——

（生）东寻西找，衔来枯草，忙着做窝，准备过冬；（师）寒号鸟却——（生）只知道出去玩，累了就回来睡觉，不听劝告，伸伸懒腰。（师）寒冬腊月，大雪纷飞，北风狂吼，崖缝里冷得像冰窖，喜鹊却——（生）住在温暖的窝里；而寒号鸟只能——（生）冻得直打哆嗦，重复着哀号，冻死了。

板块三：聚焦劝告，读出意味

1. 过渡：最终，喜鹊住在温暖的窝里，寒号鸟却冻死了。请问喜鹊有没有劝告寒号鸟？请同学打开课文，默读课文，找一找喜鹊对寒号鸟劝告了几次？并用横线画出相关语句。交流反馈，预设：两次。

2. 学习第一次劝告。

（1）指名朗读，屏幕相机出示：

喜鹊说："寒号鸟，别睡了。天气暖和，赶快做窝。"

（2）指导朗读。同学们，这是喜鹊的第一次劝告，假如你是喜鹊，你会怎么劝告呢？相机采访学生：你在劝告的时候心里想些什么？带着感受朗读。

（3）提问：可是，寒号鸟有听劝告吗？它是怎么回答的？预设：没有。屏幕出示：

傻喜鹊，不要吵。太阳高照，正好睡觉。

请同学们想象一下，寒号鸟一边说一边心里会想些什么？它又会露出怎样的神情呢？指名学生交流。

（4）初步感知形象。从这里，你觉得它们是怎样的喜鹊和寒号鸟？

（5）男女生分角色、师生合作朗读。指导学生朗读时富有表情，可以带上动作。

（6）交流：同学们，寒号鸟不听劝告的下场是什么？指名交流，屏幕出示：

喜鹊住在温暖的窝里。寒号鸟在崖缝里冻得直打哆嗦，不停地叫着："哆啰啰，哆啰啰，寒风冻死我，明天就做窝。"

3. 学习第二次劝告。

（1）指名朗读，屏幕出示：

喜鹊来到崖缝前劝寒号鸟："趁天晴，快做窝。现在懒惰，将来难过。"

同学们，经过一次失败之后，你觉得这回喜鹊又会如何劝告呢？请你们充当小喜鹊来劝一劝。预设：喜鹊内心充满焦急和担忧。指导朗读。

（2）过渡：可是，寒号鸟这一回听劝告了吗？预设：没有。出示：

傻喜鹊，别啰唆。天气暖和，得过且过。

理解"得过且过"的意思，指名学生交流，出示词典帮助理解。想象寒号鸟回答时的样子、神态、心理等，指导朗读。

（3）深入感知形象。从这里，你觉得它们是怎样的喜鹊和寒号鸟？

（4）男女生分角色、师生合作朗读。引导学生朗读时要带上表情，带上动作。

（5）交流：同学们，这一次寒号鸟不听劝告的下场是什么？指名交流，出示：寒号鸟已经在夜里冻死了。

4. 对比劝告，探究秘密。

（1）过渡：刚才，我们学习了两次劝告，现在我们来比一比，这两次劝告有没有相似之处？小组合作交流。

（2）指名小组交流。预设：在情节上，喜鹊的劝告寒号鸟都不听，都是劝告失败；在语言上，寒号鸟哀号内容都一样。

（3）思考：能否将两次劝告的语言对换，为什么？指名交流。预设：喜鹊第二次劝告的时候说"趁天晴"说明天晴的日子并不多了，希望寒号鸟能赶紧做窝；寒号鸟第一次回答喜鹊是说"不要吵"，第二次则是"别啰唆"，显然寒号鸟已经不耐烦了。

板块四：创编故事，领会寓意

1. 激趣：同学们，前两次劝告都失败了，假如还有第三次劝告，你还会去劝告吗？如果去劝告，你又会对寒号鸟说些什么呢？指名交流。

2. 小组合作，情景演绎。

（1）出示学习任务：①小组合作创编第三次劝告；②分角色表演，注意人物的动作、语言、神态等。

（2）小组展示，师生点评。

3. 联系生活，情感内化。同学们，在你身边有类似寒号鸟或者喜鹊的人吗？请你说一说。

品语言　触形象　借比较　悟寓意
——三下《池子与河流》教学

【教学目标】

1. 认识"滔""涯"等8个生字。

2. 分角色朗读课文。能结合生活实际对池子与河流的观点发表自己的看法。

3. 能联系生活实际理解寓意，达到学以致用的目的。

【教学过程】

板块一：对比前文，发现不同

1. 自由朗读课文，关注本文文体。出示《陶罐和铁罐》《鹿角和鹿腿》文章图片，思考这篇文章与之前所学的两篇寓言故事有什么不同？了解寓言诗。

2. 出示课题，板书课题，走近作者。

屏幕出示：

> 克雷洛夫是世界著名的寓言家、诗人。
>
> 我们曾经阅读过的《狼和小羊》《乌鸦和狐狸》《鹰与鸡》都是出自克雷洛夫之手。他擅长将几种事物联系在一起，如《石头和小虫》《诽谤者与毒蛇》《天鹅、梭鱼和虾》，而且善于运用诗体写寓言。让我们多读一些克雷洛夫的寓言，发现寓言与生活之间的联系，感受克雷洛夫的语言风格和人格魅力。

3. 阅读"课前提示"，明确学习要求。这是一篇略读课文，导读告诉我们这节课学习的重点。

板块二：初读课文，理清文本

1. 出示学习任务：①自由朗读课文，要求读准字音，读通句子；②给诗歌标注小节，数数共多少个小节。画一画哪些是池子说的话，哪一些是河流说的话。

2. 初读反馈。

（1）反馈：诗歌总共十个小节。引导学生借助诗歌末尾的引号发现第一至六小节是池子说的话；第七至八小节是河流说的话。

（2）同桌合作，分别朗读池子说的话和河流说的话。

板块三：观点对比，角色朗读

1. 思考：池子与河流的观点各是什么，有什么不同？请同学们借助预习单，将两者的观点简单概括并记录。

	池子	河流
观点		

2. 交流反馈。

（1）引导学生自由交流，发表观点。

（2）根据学生回答，教师引导学生抓住关键词进行归纳、概括。

预设："你总是滚滚滔滔！亲爱的姐姐，你难道不会疲劳？"从这里看出池子追求安逸清闲的生活，认为"滚滚滔滔"是一件疲劳的事情；"可是，我安闲地躺在柔软的泥土里，像贵妇人躺在鸭绒垫上一样。""这清闲的生活无忧无虑，还有什么能够代替？任凭人世间忙忙碌碌，我只在睡梦中推究哲理。"从这些语句中，看出池子只要求得过且过，无忧无虑。

预设：从"我用源源不断的清洁的水，年年给人们带来利益。这就使我受到尊敬，光荣无比。""也许，我将永远奔流不息；可你早被遗忘，不再有人提起。"从语句中我们感受到河流胸怀大志，要活出自我价值。

3. 继续借助表格，写一写两者的结局分别如何？并思考其原因。

	池子	河流
观点		
结局		

（1）指名交流。预设："池子一年年淤塞，最后完全枯干；河流至今长流不断。"

（2）探究原因。不同的思想决定了其行为，最终导致结局的不同。

4. 分别想象池子与河流在说话时的神情、动作、心理等。

（1）指名交流，相互点评。

（2）同桌合作、男女生分角色、师生随配乐朗读1-8节。

板块四：揭示寓意，延展深化

1. 引导学生展开辩论：池子与河流的观点，你更赞成哪一种？为什么？

2. 出示满是淤塞的池子以及奔腾的河流图片，引导学生以书信的形式写一写对他们想说的话。指名交流。

3. 联系生活，结合具体的事例谈谈有没有在生活中遇到类似池子与河流这样的人。

3. 拓展阅读谷川俊太郎的《河流》。

妈妈
河流为什么在笑
因为太阳在逗它呀

妈妈
河流为什么在歌唱
因为云雀夸赞着它的浪声

妈妈

河水为什么冰凉

因为想起了曾被雪爱恋的日子

妈妈

河流多少岁了

总是和年轻的春天同岁

妈妈

河流为什么不休息

那是因为大海妈妈

等待着它的归程

(1) 教师随配乐朗读。

(2) 想一想妈妈是怎么说的，你有什么感受？

读书百遍　其义自见

——六下《学弈》教学实录

【教学目标】

1. 会写"援""俱""弗"3 个生字，能正确流利地朗读课文，背诵课文。

2. 通过对照注释，借助工具书，联系上下文用心去读，用心去感悟理解课文，掌握学习文言文的基本方法。

3. 从课文中学习到做任何事情必须专心致志，不能三心二意的道理。

【课堂现场】

板块一：温故知新，导入新课

师：同学们，我们开始上课。下列这些句子你们熟悉吗？我们请小老师带读，其他同学跟着读一读。

爱人者人恒爱之，敬人者人恒敬之。

老吾老，以及人之老；幼吾幼，以及人之幼。

生于忧患而死于安乐。

天时不如地利，地利不如人和。

师：字字清晰，句句响亮。我们班的同学朗读水平很高！读着读着，你们有没有发现，这些句子有什么共同特点？

生：都是名言警句，我们之前背过。

生：这些都来自经典著作《孟子》。

师：没错，这些句子在四年级的时候我们都背过，且都选自《孟子》。同学们，你们对孟子了解多少呢？老师搜集了一些资料，请你们自己读一读。

屏幕出示：

孟子（约公元前 372 年—公元前 289 年），名轲，字子舆、邹国（东邹城）人。战国时期哲学家、思想家、政治家、教育家，儒家学派的代表人物之一，地位仅次于孔子，与孔子并称"孔孟"。《孟子》一书，属语录体散文集，是孟子的言论汇编，由孟子及其弟子共同编写完成。

师：《三字经》曰："孟子者，七篇止，讲道德，说仁义。"这节课就让我们一起走进选自《孟子·告子上》的经典之作《学弈》，继续穿越古今和伟人进行对话。（板书课题）我们一起读课题《学弈》。

生：（齐读）学弈。

师：同学们，这个"弈"和哪一个字长得比较像？

生：和"奕"比较像，就是"神采奕奕"的"奕"。

师：反应很快！希望同学们在课堂上都能神采奕奕。

板块二：初读课文，音准句顺

师：接下来，请大家打开课文，按照自己的节奏和感觉朗读课文，要求读准字音，读通句子。

（学生朗读，读得正确、流利；教师巡视。）

师：哪位同学自告奋勇地先来朗读？

（学生朗读）

师：读得字字清晰，声声入耳，读书就要像他这样读。但是有一个字的读音要注意一下，句子"惟弈秋之为听"和"一心以为有鸿鹄将至"中的"为"读音是第二声；句子"为是其智弗若与？"中的"为"读音是第四声。谁愿意再来读一读？

（学生朗读）

师：这位同学不仅读得正确，读得流利，还读得特别有味道。陆老师尤其是喜欢这一句"思援弓缴而射之"的朗读，停顿特别到位，颇有几分古人的样子。你能否给大家再读一读？其他同学注意听。

生：思/援弓缴/而射之。

师：请大家一起跟着他读一读。

生：（齐读）思/援弓缴/而射之。

师：接下来，再请一位同学来朗读，其他同学一边听一边标注好停顿。若是有不同意见，可以举手指出。

　　弈秋，通国之/善弈者也。使/弈秋/诲/二人弈，其一人/专心致志，惟/弈秋之为听；一人/虽/听之，一心以为/有鸿鹄/将至，思/援弓缴/而射之。虽/与/之/俱学，弗若之矣。为是/其智/弗若与？曰：非/然也。

师：现在，我们一起来朗读，注意把握节奏，放慢语速，慢慢地读，读出文言文的味道来。

（学生齐读）

76

板块三：释疑探究，揣摩词句

师：书声琅琅，朗朗乾坤。同学们在短短的时间内就将课文读得如此妙哉！我们来回忆下都有哪些理解文言文的方法呢？

生：借助注释，多读几遍。

生：借助插图。

生：借助资料。

生：联系上下文。

师：（根据学生的回答，用相机板书。）是的，这些都是学习文言文的方法。接下来，请同学们用上面这些方法自己先尝试着理解课文的内容，有疑问的地方做上记号。

（学生初步理解，四人小组合作讨论，试着解决疑问。）

师：下面，陆老师就要来检测一下大家的学习情况。（出示插图）同学们，请问这是谁？你能猜一猜吗？

生：弈秋。

师：谁能介绍他？

生：他是全国最会下棋的人。

师：此话何讲？你从哪里知道他是全国最会下棋的人？

生：我从课文第一句话中得知，"通国"就是全国的意思。（相机出示：弈秋，通国之善弈者也。）

生：从"善弈者"的"善"可以看出他很会下棋，"善"的意思是善于。

师：请同学们读一读这句话，从中你感受到了什么？

生：我感受到了弈秋非常厉害。

师：你能否带着敬佩的语气来朗读呢？

生：弈秋，通国之善弈者也。（读出敬佩之情）

生：我感受了弈秋下棋的技艺在当时无人能敌。

师：是啊，他可是全国最善于下棋的人。请男女生分别齐读，读出弈秋棋艺的高超。

（男生、女生分别齐读）

师：古时候，人们常常用这样的句式来称赞别人。比如，城北徐公，齐国之美丽者也。谁能学着古人的样子来夸一夸班里的同学或者我们的老师呢？

生：老师，通校之善教者也。

师：谢谢你的鼓励，老师继续努力。

生：悦言，通校之善舞者也。

生：安然，通班之善画者也。

生：自然，通班之善文者也。

生：皓哲，通班之善数者也。

师：听你们这么一夸，我们班可是人才济济啊！俗话说，名师出高徒。那么，弈秋的两位学徒表现如何？请你们在文中用横线画一画。

生：其一人专心致志，惟弈秋之为听。

生：一人虽听之，一心以为有鸿鹄将至，思援弓缴而射之。

师：显然，两位徒弟有不同的表现。我们先来看"其一人"。（相机出示：其一人专心致志，惟弈秋之为听。）这句话中，哪些字词可以看出他非常的认真？

生：我从"专心致志"一词看出他非常的认真。

生："惟"是只有的意思，我从这个字感受到他很认真。

师：（出示插图）请你们看图猜一猜，哪一位听得专心致志呢？

（学生指认）

师：看着他如此专注的神情，你还可以用哪些词语来夸奖他？

生：目不转睛。

生：一丝不苟。

生：心无旁骛。

……

师：如此全神贯注，如此聚精会神，当蝴蝶在他眼前翩翩飞舞，他看到了吗？（学生：没有）因为——

生：其一人专心致志，惟弈秋之为听。

师：当棋友在耳边谈笑风生，他听到了吗？（学生：没有）因为——

生：其一人专心致志，惟弈秋之为听。

师：同样两位徒弟在听课，另外一人的表现却是这样的。（相机出示：一人虽听之，一心以为有鸿鹄将至，思援弓缴而射之。）请说说你的理解。

生：另一个人虽然也在听弈秋的教导，却一心以为有天鹅要飞来，想要拉弓箭去把它射下来。

师：也就是说，师父在讲如何下棋，他却先想着——

生：以为有鸿鹄将至。

师：接着他还想——

生：什么时候拉弓射箭呢？

师：他一手拿着棋，一边在想也许——

生：这只天鹅的肉很美味吧！

师：蝴蝶翩翩起舞，他可能想——

生：这棋什么时候结束啊，千万不能耽误我的事啊。

师：众人谈笑风生，他还会想——

生：今天晚上我要一边喝酒一边品尝天鹅肉。

师：看着插图，看着他学习的样子，你还能用什么四字词语来形容呢？

生：三心二意。

生：神游天外。

生：左顾右盼。

生：心不在焉。

师：这两个人的学习表现真是天差地别，固然会出现怎样的结果？

生：一位棋艺很高超，一位棋艺很糟糕。

师：文中是如何描写的？

生：虽与之俱学，弗若之矣。（相机出示）

师：你能借助注释来说一说对这句话的理解吗？

生：虽然和前一个人一起学棋，但棋艺不如前一个人好。

师：出现这样的结果，人们不禁都要问：

为是其智弗若与？曰：非然也。（相机出示）

师：你对此好奇吗？请你问一问。

生：为是其智弗若与？

师：你也来问问。

生：为是其智弗若与？

师：你能不能用自己的话来问问？

生：难道是因为他的智力不如前一个人吗？

师：同桌合作一问一答。（同桌练习）

生：为是其智弗若与？

生：曰：非然也。

师：同学们，那么到底是什么原因导致两位徒弟有着截然不同的结果呢？

生：态度决定一切。

生：只有专心致志做一件事情才能成功。

师：看来同学们都找到了原因所在。本文选自《孟子·告子上》，题目是后人所加。我们来读一读原文是如何写的。

屏幕出示：

今夫弈之为数，小数也；不专心致志，则不得也。

——《孟子》

师：原来原文中的观点和同学们所说的道理不谋而合。请同学结合自身经历或者生活中的例子说一说。

生：我平时在学钢琴，如果不专心听老师指导、不练习的话，就不能熟能生巧，而且达不到考级的要求。

生：我和我弟弟是同一天开始练写毛笔字的，但是弟弟的书法水平已经超过我了，因为我在写的时候经常开小差。通过学习《弈秋》，我反思了自己的行为，下次一定要端正态度，专心做一件事情。

师：是啊，其实学弈如学做人。我们唯有专心致志，才能取得最后的胜利。这个道理一直激励着我们，带着这些理解，我们再来读一读这篇文

章。(跟随配乐朗读)

板块四：小结回顾，拓展延伸

师：（出示单元篇章页）同学们，本单元语文要素是体会用具体事例说明观点的方法。通过刚才的学习，你能否说一说《学弈》这篇文章用了什么事例来说明什么道理呢？

生：课文通过写弈秋指导两人下棋，一人专心致志，另一人则三心二意，最后俩人棋艺差异很大，由此告诉我们唯有专心地做一件事情，才能取得成功。

师：同学们，我们用上具体的事例就能把观点说具体，说生动。《弈秋败弈》说明了一个什么观点呢？又是如何来说明观点的呢？课后同学们不妨用上今天的学习方法，相信你会有更大的收获！

屏幕出示：

> 弈秋，通国之善弈者也。当弈之时，有吹笙过者，倾心听之，将围未围之际，问以弈道，则不知也。非弈道暴深，情有暂暗，笙猾之也。

简约高效，取舍有度

福建教育学院语文研修部小学教研室　卢永霞

《学弈》是统编教科书六年级下册的第五单元的一篇课文，也是小学阶段的最后一课文言文。杭州新华实验学校的陆智强老师在执教《学弈》一课时，充分抓住教材编排特点、文本自身特点和学生年龄特点，设计有温度、有梯度、有效度的学习活动，推动学生语文学习的能力发展，促进其核心素养的初步形成。

一、有温度

学习一篇课文，先了解其作者，这是许多课堂的常规动作。大多数老师的做法，都是从百度上搜一段关于作者生卒年、做官史及主要贡献的资料，展示出来读一读。这样的介绍"只见骨架"，没有血肉和灵魂，因而不能给学生留下多大印象。而陆老师对这一环节的设计则巧妙而有温度，他从学生耳熟能详的名言警句入手，引出它们的出处《孟子》，又由了解作者，而引出他的作品《学弈》，构思十分巧妙，教学自然温润，让学生在轻松愉快的交流中加深对孟子的了解。因为有作品的前铺后衍，前后勾连，学生对孟子的认识就不再是平面的书本人物，而是有思想高度、有精神境界、有历史地位的立体形象。

二、有梯度

朗读是学习文言文的最佳方法，陆老师深谙此道，因此在常常被当作"打个照面"的初读环节，他不惜时间，精耕细作，设计三个层次的朗读活动，助推学生在反复朗读中加深理解，形成初步的语感。第一个层次：要求"读准字音，读通句子"，目标指向"读正确，读流利"，采用学生先自读练习，再相机指导的教学方式，很快达成目标；第二个层次，要求

"读好停顿"，目标指向"读出节奏，读出古韵"，陆老师以生成的资源为范例，引导学生倾听、跟读、判断、批注，继而在朗读中达成"读出节奏，读出古韵"的目标；第三个层次，老师采用多种形式的创造性朗读，目的是检测前期指导的效果，促进学生语感的形成。如没有标点、竖排阅读、看图朗读等，学生没有停顿的参照，要想读好文言文，可就全凭自己的语感了。这一环节目标聚焦，层层推进，招招落实，又不着痕迹，堪称精妙。

三、有效度

在统编教材的背景下，老师们的教学更加关注了语文知识和学习语文的方法，这本无可非议，问题是许多老师忽略了学生的学习经历，常常在学生已知已会的领域耗费时间。比如无论哪个年级学习文言文，老师总离不开教"借助注释""联系上下文""借助插图"等方法。

而陆老师在本课教学中，对于学习文言文的方法，却"不在于教，而在于用"，这是为什么呢？因为在统编教科书里，从三年级上册开始学习文言文《司马光》，到六年级下册的这一篇，已经是第 10 次学习文言文了，无论是借助注释、资料，还是联系上下文理解的方法，学生都已经学过。因此，本课的教学就可以立足于学生已有的知识经验，直接让学生综合运用之前所学方法进行自读自悟。在学生充分自学的基础上，再组织交流，相机指导。这种瞻前顾后、取舍有度的有效教学，值得学习。

最精彩的是，在学生读懂了"弈秋，通国之善弈者也。"后，陆老师顺势进一步助推的学生发展，让他们学着古人的样子，用"某某，……之善……者也"的句式来夸一夸同学和老师。这一言语实践活动激发了学生表达的积极性和创造性，涌现出一批像"老师，通校之善教者也""悦言，通校之善舞者也""安然，通班之善画者也""自然，通班之善文者也""皓哲，通班之善数者也"。这样像模像样的言语作品，收到了学以致用、立竿见影的效果，让学生在获得成就感的同时，进一步激起学习文言文的兴趣和热情。

本课可圈可点之处，还有很多。囿于篇幅，不再一一赘述。小学文言文怎么教？陆老师提供了一个很好的范例，值得老师们反复琢磨，学习借鉴。

第四辑

神话朗读教学

当神话进入教材时，教师就要以语文课程的眼光审视教学，用言语感悟和言语睿智唤醒学生的言语悟性。找准朗读训练点，在丰富多维的言语实践中点燃学生阅读神话故事的兴趣，促进学生听、说、读、写、思等能力的拔节。

找准朗读训练点，探寻神话魅力

神话，是远古时代的人们借助想象和幻想来理解世界起源、诠释自然现象、化解社会矛盾、探询社会发展而衍生出来的传说性故事，它是人类童年时期的产物，是文学的先河。神话可以分为三类，第一类是开辟神话，反映的是原始人的价值观，用来解释天地是如何形成的，自然万物是如何产生的，如《盘古开天地》。第二类是自然神话，是对自然现象的解释，例如《女娲补天》。第三类是英雄神话，表达了远古人民抗击自然灾害、战胜自然的愿景，例如《大禹治水》《精卫填海》。

在统编语文教材中，教材编写者一共编排了六篇神话故事，分别是《大禹治水》《羿射九日》《盘古开天地》《精卫填海》《普罗米修斯》《女娲补天》。关于神话，马克思曾这样阐述：任何神话都是用想象和借助想象以征服自然力，支配自然力，把自然力加以想象化。同时，他也指出，神话是人类童年时代美丽的诗，具有永久性的魅力。正是神话所具有的这种诗性特点与天马行空的想象，才使神话为儿童所喜爱。

笔者认为，在神话教学中，教师要找准朗读训练点，借助朗读，读出神话人物的"神"，读出神话语言的"神"，从而使学生能复述神话故事的"神"，在丰富多维的言语实践中点燃学生阅读神话故事的兴趣。

一、开启想象，读出神话人物的"神"

通过奇妙的想象塑造鲜活伟大的人物形象是神话的特点，神话的这种特性深度契合着儿童心性自由舒展、幻想天马行空以及对万事万物充满好奇的特点。《女娲补天》主要写了女娲为拯救处于水深火热之中的人们，冒着生命危险补天的故事。笔者在执教过程中，通过朗读和想象的方式引导学生感受人物形象。例如，女娲找五彩石这部分内容，寥寥数语，却勾画出了补天的艰辛和危险，刻画了一位伟大、善良的女娲形象。在教学过程中，笔者引导学生关注"忙了几天几夜""找哇找哇""终于"等词语并展开想象，在寻找五彩石的过程中，女娲顾不上吃饭和睡觉，一路上翻山越岭，她会遇到哪些困难？她又是如何克服的呢？她的手、脚也许会怎样？最后，女娲终于在一眼清清的泉水中找到了，当女娲看到纯青石时，她的心情会是如何，她又会有怎么样的神态和举止呢？笔者一边引导学生想象，一边朗读品味，从而感受女娲无私奉献的精神和伟大的形象。

再比如，特级教师闫学老师在执教《普罗米修斯》时，为了让学生真切感受普罗米修斯的英雄形象，闫老师围绕普罗米修斯的回答"为人类造福，有什么错？我可以忍受各种痛苦，但决不会承认错误，更不会归还火种！"开展各种形式、不同层次的朗读，力图创造真实的情境，使学生真切感受到主人公坚定的信念。

师：孩子们，我们是一只善良的小白鸽，给他送去食物。送去温暖，送去鼓励，送去希望，还送去了我们的敬意和友谊！当我们飞到普罗米修斯的身边时，好像就听到了他内心深处坚定的声音——

为人类造福，有什么错？我可以忍受各种痛苦，但决不会承认错误，更不会归还火种！（学生随配乐齐声读）

师：飞到普罗米修斯身边的不是善良的鸽子，而是一只凶恶的鹫鹰。

……

师：许多年来，普罗米修斯就这样被死死地锁在高高的高加索山上，可是他一直没有屈服，我们好像听见了他内心深处那坚定的声音——

为人类造福，有什么错？我可以忍受各种痛苦，但决不会承认错误，更不会归还火种！（学生齐读）

师：孩子们，假如你们有机会站在宙斯面前，请你们为普罗米修斯做一场辩护，你们想怎么辩护，又想对宙斯说什么呢？

（学生交流）

……

师：你们在为普罗米修斯做出辩护，同时也是在为真理作辩护，为正义作辩护！当我们再为普罗米修斯做出辩护的时候，我们还在想着普罗米修斯那坚定的回答——

为人类造福，有什么错？我可以忍受各种痛苦，但决不会承认错误，更不会归还火种！（学生齐读）

闫老师这一环节的教学堪称经典，不仅带孩子一次次走进普罗米修斯的内心，从不同的角度感受普罗米修斯的形象，更在层层朗读中教会学生一种精神——精神上强大的人才是真正的胜利者；教会学生一种信仰——我们只要坚持正义，是真理就要坚持到底并且永不服输！

二、层层品鉴，读出神话语言的"神"

郭沫若在《神话故事》中指出："神话是绝好的艺术品，是绝好的诗。"特级教师王崧舟也曾说："语文学习必须同时睁大两只眼睛，一只眼睛注视思想内容，一只眼睛聚焦语言形式。"可以得出，神话教学要坚守固有的文体特征，除了引导学生感悟故事和人物的神奇，还要帮助学生品味和赏析神话的语言。

特级教师张祖庆老师在执教《盘古开天地》中的片段"轻而清的东西，缓缓上升，变成了天；重而浊的东西，慢慢下降，变成了地"时，他引导学生发现句子中隐藏的秘密——有很多反义词，例如：清对浊，轻对重，上升对下降，天对地；以及句子中一组近义词缓缓和慢慢。随后，张老师在教学时反复玩味，让学生思考能否都用"慢慢"或者"缓缓"，学生在对比朗读中领悟语言的节奏美和音韵美，在细读、品味中体悟作者遣词造句的匠心所在。以下是这一板块的课堂实录：

师：劈得够猛的！这一劈，宇宙发生了巨变，接着读——
生：（齐）只听见一声巨响，混沌一片的东西渐渐分开了。
师：天和地这个时候形成了，产生了奇妙的变化。
（屏幕出示：轻而清的东西，缓缓上升，变成了天；重而浊的东西，慢慢下降，变成了地。）

师：老师读上半句，请大家注意听。老师将那些词语稍稍强调了一下，等下你读的时候，把下一句的相应词语也强调一下。

（师生朗读）

……

师：为什么读起来越来越有味道呢？请你再仔细读读，发现了什么？

生：我发现上下半句的字数相等。

生：我发现上下半句中有很多反义词。如，清对浊，轻对重，上升对下降，天对地。

师：这些相反的词语放在上下句子中，读起来特别有味道。来，我们一起有滋有味地再来读一读这句话。

（学生有滋有味地朗读）

师：其实，这句话中，还有一组意思相近的词语，大家发现了吗？

生：缓缓和慢慢。

师：缓缓和慢慢都是速度很慢的意思，那么能否都用缓缓，或者都用慢慢，请你读一读。

生：不好！读起来重复了。

师：是啊，其实课文中还有表示慢的词语，请大家到课文中找一找。

生：逐渐、慢慢。

师：（教师把带有表示"慢慢"意思的全部语句打在屏幕上）我们一起来读一读。你感受到了什么？

生：我感受到天地分开很不容易，盘古真辛苦！

生：我感受到了天地形成的时间太漫长了。

生：我真担心盘古会不会累倒！

再比如，《女娲补天》第四自然段描写的是女娲决心把天和地修补起来，于是开始了一项巨大而又艰难的工作。在课堂上，如何引导学生感知"巨大"和"艰难"，教师可以让学生圈画出描写女娲补天的一系列的动词：捡起、燃起、炼成、修补，接着引导学生展开想象，在这过程之中女娲会遇到哪些困难？她又是如何克服的？通过动词的品析和画面的想象，一个不怕困难、顽强能干的女娲形象便凸显出来。当神话进入教材时，教师就要以语文课程的眼光审视教学，用言语感悟和言语睿智唤醒学生的言语悟性，促使学生听、说、读、写、思等能力的拔节。

三、读说并进， 复述神话故事的"神"

神话教学另外一个落脚点还在于"话"字。这个"话"字表明了神话是一种口耳相传的口头文学。在教学中，教师不仅要引导学生读好神话故事，还应该传授相应的方法鼓励学生讲好神话故事。另外，统编语文三年级下册第八单元的语文要素是"了解故事的主要内容，复述故事"，学生已经掌握复述故事的能力，在学习四年级上册第四单元时教师要积极引导学生进行复述故事，巩固与提升复述故事的能力，促进学生对神话故事的二度创造。

例如，笔者在执教《盘古开天地》时，首先引导学生借助表格梳理故事的起因、经过、结果。故事的起因是很久很久以前，天和地还没有分开，宇宙一片混沌，盘古醒来之后发现周围什么也看不见；经过是盘古用斧头对着黑暗劈过去，"大鸡蛋"碎了，他用头顶天，脚踏地，站在天地中间；结果是盘古倒下了，身体发生了巨大的变化，他用整个身体创造了美丽的宇宙。接着，引导学生根据故事的发展和文章的插图，尝试着复述故事。另外，在讲述故事时，开头往往是"很久很久以前"，这短短的六个字，却蕴含着丰富的意思。

现如今很多孩子讲故事的能力逐渐减弱，主要原因有三：第一，读好故事是讲好故事的基础和前提。在课堂上，部分教师课堂急于求成，在赏析词句过程中，学生对文本的语言、故事生发的主题以及人物精神品质等缺乏情感共鸣。因此，故事讲得比较生涩、乏味。第二，讲故事也有方法和技巧，这种能力的培养不是一蹴而就，需要渗透在日常的点滴训练中。比如，统编语文四年级上册第四单元教材编写者其实就引导师生先将故事按照起因、经过、结果进行梳理，在把握文章的主要内容之后再开始有条理地讲故事。第三，学生在展示时，老师要及时点评，学生要积极参与点评。讲故事过程中，教师不仅要关注学生讲的内容，还要关注学生讲故事时的语音、仪态等。

四、拓展阅读，缔造神话故事的"场"

李玉龙老师曾说："让学生书写自己的神话就是尽最大可能地保有和培养孩子对未知世界的探究欲和创造欲。"所以，没有神话故事的童年是不完整的童年。通过整组"神话"单元的学习，积极引导学生了解和阅读古今中外的神话故事，形成神话故事阅读"场"、交流"场"，在一场场交流对话中，传承经典文化。

例如，笔者所在的班级开设了"神话故事会""神话绘画集"等活动。每一节课前五分钟，邀请学生讲神话故事。课外，还举行神话故事研讨会，学生相互交流神话故事中的人物形象以及阅读神话故事的感受。此外，绘画能力强的同学还可以进行绘画创作，将一则则神话故事在绘画本上生动展现，同学之间相互阅读交流。总之，教师要真正带领学生走进神话故事的广阔天地，开拓学生的视野，让学生自然而然地爱上神话这一民间文化。

在当代语境下，我们需要挖掘神话故事不朽的元素，展现其独特的育人价值，赋予其新时代的历史使命。我们在神话的天地里，慢慢走，慢慢思，寻神话教学的朗读训练点，和学生一起撑一支长篙，向神话教学更深处漫溯，满载一船星辉，在神话故事里放歌。

对比品读 言意兼得

——二上《大禹治水》教学

【教学目标】

1. 认识"洪""毒"等15个生字，会写"洪""灾"等9个生字，会写"洪水""经常"等16个词语。

2. 能正确、流利地朗读课文，并按照提示讲讲"大禹治水"的故事。

3. 通过学习治水前后的变化、治理方法的不同以及三过家门而不入，体会大禹心系百姓、无私奉献的精神。

【教学过程】

板块一：谈话导入，揭示课题

1. 看图猜神话，初步感知神话文体的特点。

（1）出示《嫦娥奔月》《女娲补天》《后羿射日》《夸父追日》图片，引导学生猜一猜。

（2）教师引导，揭示神话故事文体的基本特点。同学们，看来中国的神话故事往往和大自然的现象或者事物有关。

2. 揭示课题，读好课题。

（1）今天，我们要学习一篇新的神话故事——《大禹治水》。教师板书课题，学生齐读课题。

（2）指导读好课题。相机邀请学生根据预习资料介绍大禹。教师出示图片介绍：大禹，传说是我国部落联盟的领袖，曾经带领百姓治理洪水，是为民造福的英雄。大禹是位传说中的英雄，你会怎么读课题？

板块二：对比治水前后的变化，感受大禹的伟大

1. 学习第一自然段，身临洪水之难

（1）多种形式朗读，读准、读顺第一自然段。

①同桌互读，要求读准字音，读通句子，难读的地方多读几遍。

②指名学生逐段朗读。

③教师范读。

（2）聚焦"泛滥"。

①出示词卡，齐读正音，观察"泛滥"的字形，发现偏旁都是三点水。

②用横线画出第一自然段中具体描写洪水泛滥的句子。指名交流，相机出示：大水淹没了田地，冲毁了房屋，毒蛇猛兽到处伤害百姓和牲畜，人们的生活痛苦极了。

③展开想象，仿佛看到了怎样的画面？播放洪水泛滥的视频。你听到了什么？想到了什么？指名学生交流，并相机指导朗读。

④入情入境朗读，理解"经常"，读出洪水的凶猛以及人们内心的痛苦。

教师引读：去年洪水泛滥；学生接读：大水淹没了田地，冲毁了房屋，毒蛇猛兽到处伤害百姓和牲畜，人们的生活痛苦极了。

教师引读：今年洪水泛滥；学生接读：大水淹没了田地，冲毁了房屋，毒蛇猛兽到处伤害百姓和牲畜，人们的生活痛苦极了。

教师引读：很多年过去了，洪水依旧泛滥；学生接读：大水淹没了田地，冲毁了房屋，毒蛇猛兽到处伤害百姓和牲畜，人们的生活痛苦极了。

（3）聚焦"灾难"。

①过渡：大水淹没了田地，冲毁了房屋，毒蛇猛兽到处伤害百姓和牲畜，这些情况，就称为——灾难。

②课件出示"灾"字的甲骨文，请学生发挥想象，理解"灾"的意思：宝盖头表示房子，下面的"火"表示着火引发灾难。

③想象：当洪水来临时，人们的生活会怎样？

④相机指导朗读，读出百姓内心的痛苦。

2. 学习第四自然段，体悟百姓之乐

（1）过渡：洪水终于被大禹治好了，如今又是一番怎样的景象呢？请同学们到文中画一画。

（2）交流反馈。

屏幕出示：

> 洪水终于退了，毒蛇猛兽被驱赶走了，人们把家搬了回来。大家在被水淹过的土地上耕种，农业生产渐渐恢复了，百姓安居乐业，重新过上了幸福的生活。

①学生通过联系生活，借助词典理解"安居乐业"的意思。
②出示课文第一自然段，对比朗读。

板块三：对比治水方法的不同，感受大禹的智慧

1. 过渡：从洪水给人们带来无数的灾难到百姓安居乐业，重新过上了幸福的生活，大禹和鲧分别用什么办法治理洪水以及他们治理的效果如何？请同学们读一读课文，完成表格填空。

	治理的方法	治理的效果
鲧		
大禹		

2. 交流反馈。

	治理的方法	治理的效果
鲧	筑坝挡水	洪水仍然没有消退
大禹	吸取教训，采用疏导的办法	疏通了河道，让洪水流到了大海里去

（1）播放视频，引导学生直观感受"筑坝挡水""疏通河道"两种治理的方式。

（2）引导学生思考为什么鲧失败了，而大禹的方法治理成功了。从中让你感受到这是一位怎样的大禹？

板块四：感受大禹崇高的精神，讲述大禹故事

1. 过渡：同学们，大禹在治水的过程中，哪些地方最让你感动？学生

品读。

预设：聚焦时间，禹离开家乡，一去就是十三年，引导学生讲一讲感受。教师补充讲述"三过家门而不入"的故事。

2. 想象补白，体会治水的艰辛，感受人物品质。

所有的山山水水，都留下了大禹坚强的身影，印下了他坚定的脚步。

当他遇到高耸的山峰，他——

当他遇到湍急的河流，他——

就算手上、身上被划出了一道道血痕，脚底磨出了一个个血泡，他——

3. 思考：不顾家人，不顾艰难险阻，大禹为什么认为治水更要紧？预设：因为大禹心系百姓，希望能尽快治理好洪水，尽快恢复家园。

4. 引导学生用一个词语赞扬大禹的品质。预设：大公无私、无私奉献、聪明机智……

5. 创设情境：同学们，人们为了纪念大禹，在绍兴建造了大禹陵。现在你是景区的小导游，能否为游客们讲解一下大禹的丰功伟绩呢？

（1）引导学生回顾所学，按照下面提示准备内容。

洪水使人们生活痛苦。

鲧用筑坝挡水的办法，没有治好洪水。

禹治水，三过家门而不入。

禹用疏通河道的办法，带领人们治好了洪水。

（2）上台展示，出示评价标准，师生共评。

评价标准：表达时自信、大方、有礼貌；故事情节说清楚、说完整；介绍时富有感情。

由一个"填"字说起
——四上《精卫填海》教学解读与思考

神话，是远古时代的人们借助想象和幻想来理解世界起源、诠释自然现象、化解社会矛盾、探寻社会发展而衍生出来的传说性故事，它是人类童年时期的产物，是文学的先河。《精卫填海》是家喻户晓的神话故事，选自《山海经·北山经》，现选入统编语文教材四年级上册第四单元第十三课。

《山海经》全书十八卷，包括《山经》五卷、《海经》八卷、《大荒经》四卷、《海内经》一卷。书中所记神话不仅数量最多，而且大多比较原始，情节比较完整的也有不少，这在先秦古籍乃至后世典籍中都是少有的。它在神话学、宗教学上具有重要研究价值。同时，对于古代历史、地理、物产、医药等方面也有重要的科学价值。《精卫填海》故事源远流长，不同时期出现了不同的版本。在张华《博物志》、左思的《吴都赋》《魏都赋》以及南朝《述异记》卷上等著作中都有记载这一故事。现在较为认可的是袁珂先生整理的版本，教材选取了其中一部分，原文如下：

> 又北二百里，曰发鸠之山，其上多柘木，有鸟焉，其状如乌，文首、白喙，赤足，名曰："精卫"，其鸣自詨。是炎帝之少女，名曰女娃。女娃游于东海，溺而不返，故为精卫，常衔西山之木石，以堙于东海。漳水出焉，东流注于河。

故事大概内容就是：再向北走二百里，有座叫发鸠的山，山上长了很多柘树。树林里有一种鸟，它的外形跟乌鸦相似，头上羽毛有花纹，白色的嘴，红色的脚，名叫精卫，它的叫声像在呼唤自己的名字。这其实是炎帝的小女儿，名叫女娃。有一次，女娃去东海游玩，溺水身亡，再也没有回来，所以化为精卫鸟。经常叼着西山上的树枝和石块，用来填塞东海。浊漳河就发源于发鸠山，向东流去，注入黄河。

基于不同研究视角，不同学者将《精卫填海》归属于不同的神话类型。例如，有学者认为："中国古代生活中记录了很多典型的非自然死亡，其中的意外让今人看到了仙人在自然面前的弱小和无能为力，同时也透露出生命的脆弱。"女娃就属于这种非自然死亡，去东海游玩而溺水身亡，展现了大海的强大与人类生命的渺小。还有学者认为这是典型的变形神话，女娃在海边游玩，不慎溺水而亡，最后化为了精卫鸟。但是，著名作家茅盾先生认为："精卫与刑天是属于同型的神话，都是描写象征百折不回的毅力与意志的，这是属于道德意识的鸟兽神话。"在这里，茅盾先生认为《精卫填海》属于道德范畴下的神话，彰显了中华民族百折不挠、坚持不懈的精神品质。袁珂先生也有相类似的评价，他认为："从人们的理智上来看，她这工作当然是徒劳无益的，但是从情感上看来，沧海固然浩大，然而小鸟坚韧不拔地想要填平沧海的志概却比沧海还要浩大，此其所以为悲壮，为值得赞美。"作为四年级教材选文，基于学生的心理认知，笔者倾向于推崇茅盾先生和袁珂先生的观点，重点引导学生感受精卫的勇气和精神。

女娲游于东海，溺水而亡，最后成为精卫鸟。这存在着一个值得深究与思考的问题：为什么女娲不变成其他动物而是偏偏成为精卫鸟呢？女娲是炎帝的女儿，最后化为精卫鸟，可见，在当时存在着鸟图腾的信仰。"每一个氏族都源于一个图腾，并以图腾为保护神、徽号和象征。"（钟敬文语）这种图腾维系着氏族、部落之间的团结，是氏族的标志，更是氏族成员的精神支柱，希望它能庇佑族民。还有学者指出，"精卫填海"神话蕴含的不仅仅是鸟图腾的思想，中间还渗透着太阳崇拜的思想，凸显出自然现象对农牧业生产的影响。总之，这些观点无不应验了美国著名的神话学大师坎贝尔的观点。他认为神话的基本任务之一，是让人安居在他们所住的土地，让人在这片土地上找到圣所。"这样你就可以让自己的本性和自然的雄浑本性相契在一起。这是人对自然最必要和最基本的适应。"

当神话故事进入教材时，笔者认为应坚守语文本位，凸显神话文体特征。神话，"神"可以理解为神奇。通过神奇的情节塑造鲜活伟大的人物形象是神话的显著特性，这种特性深度契合着儿童心性自由舒展、幻想天马行空以及对万事万物充满好奇的特点。"话"可以理解为说话，表明了神话是一种口头相传的文学。既然是一种口头文学，在教学时，要引导学生关注神话故事特有的语言艺术。郭沫若在《神话故事》中指出："神话是绝好的艺术品，是绝好的诗。"可见，神话教学除了引导学生感悟故事和人物的神奇，还要帮助学生品味和赏析神话的语言。那么，在课堂上让学生讲好神话故事也应成为教学的重点，以此全面提升学生听、说、读、写、思的语文能力。

基于上述的解读与思考，结合本单元的语文要素"了解故事的起因、经过、结果，学习把握文章的主要内容，感受神话中神奇的想象和鲜明的人物形象"，笔者把本课的教学落在"填"字上。有的孩子课前预习会提出"精卫为什么要填海？""精卫在填海的过程中遇到了哪些困难？""精卫花了多长时间填海？"等诸多具有思维含量和生动有趣的问题。而这些问题，恰恰能成为本课教学的宝贵资源。在教学时，教师不妨用"填"字驰骋课堂，让孩子们插上想象的翅膀，徜徉于神话的海洋。在层层交流探讨"精卫在填海的过程中遇到了哪些困难"中，拓展想象，丰盈思维。不知不觉中，孩子们对于精卫人物形象的把握便水到渠成，精卫执着与坚韧的精神跃然纸上。

所以，本堂课从"填"字入手，在孩子们心间不仅"填"入精卫执着、坚韧的精神；也在他们心间"填"入一颗神话启蒙的种子，让他们愈发爱上神话故事；更在他们心间"填"入听、说、读、写全面发展的语文学习能力。

根据上述解读，对《精卫填海》一文的教学，主要包括以下教学板块：

第一板块：邂逅神话，聚焦"填"字

1. 出示课题，引导学生思考、交流并提问。比如，精卫是如何填海的？精卫为什么填海？精卫在填海过程中遇到了哪些困难？精卫填海花了多长的时间？

2. 通过教师范读，学生合作朗读等多种形式读准字音，读通句子并读出古文的节奏。重点强调"女娃/游于东海，溺/而/不返""常衔/西山之木石，以堙于/东海"的停顿。

第二板块：展开想象，围绕"填"字

1. 教师出示学习活动，引导学生思考并想象精卫"衔西山之木石"只坚持了一天吗？精卫花了多久的时间进行填海？（抓住"常"字，想象精卫填海的时间漫长）

2. 就这样日复一日，年复一年，精卫用小小的木石填塞着浩瀚的东海。教师引导学生小组间展开讨论并写一写精卫在填海的过程中也许会遇到哪些困难？学生交流展示。

3. 引发讨论，感悟形象。精卫给你留下怎样的印象？学生分享交流。

这一板块主要引导学生感受神话中神奇的想象并给予学生展开想象的机会，同时在交流中感受精卫鲜明的人物形象。

第三板块：代代相传，"填"海精神

1. 教师在教学时可以出示古诗词中关于精卫填海的内容，引导学生从多角度感受坚韧执着的精卫形象。例如：

愚公移山宁不智，精卫填海未必痴。深谷为陵岸为谷，海水亦有扬尘时。——（节选自《山海》，[宋]张耒）

精卫衔微木，将以填沧海。刑天舞干戚，猛志固常在。同物既无虑，化去不复悔。徒设在昔心，良辰讵可待。——（选自《读山海经·其十》，[东晋]陶渊明）

长将一寸身，衔木到终古？我愿平东海，身沉心不改。大海无平期，我心无绝时！——（节选自《精卫》，[明]顾炎武）

2. 播放微课，呈现袁隆平、杨利伟、中国女排等事迹，讲述精卫填海的精神对一代代中华儿女的影响。之后引导学生讨论：精卫在你的脑海中"填"下了什么？

3. 神话的"话"字表明了神话是一种口头文学，既然是口头文字，那么讲述故事则是神话教学的重点。在教学最后引导学生用自己的话讲讲精卫填海的故事。教师从以下三个方面指导：①故事发生在什么时间？（"很久很久以前"或"有一天"）②什么样的女娃？（描述想象中的女娃形象）③怎样填海？（学生想象精卫填海的动作、心理、神情和遇到的困难。）

感受神奇想象　加强言语实践

——四上《女娲补天》教学实录

【教学目标】

1. 正确、流利、有感情地朗读课文，能认识"揣""混"等 8 个生字。

2. 默读课文，抓住关键词，用简洁的语言说出故事的起因、经过和结果，学习把握文章的主要内容。

3. 能发挥想象，把女娲从各地捡来五种颜色石头的过程说清楚、说生动，感受女娲勇敢、善良、大无畏的精神品质。

【课堂现场】

板块一：激趣导入，了解神话文体特征

师：（相继出示故事插图）同学们，在学习《盘古开天地》时，我们折服于伟大的巨人盘古的牺牲精神，他用整个身体创造了美丽的世界；在学习《精卫填海》时，惊叹于精卫常衔西山之木石堙于东海的毅力；在学习《普罗米修斯》时，感动于普罗米修斯的坚强意志，他因造福人类而承受巨大痛苦。通过学习这三个神话故事，请你说说神话故事都有什么特点？

生：故事中的主人公都有超乎常人的能力。

生：而且，这个人物往往会经受巨大的磨难。

生：故事情节充满神奇的想象。

生：我觉得神话故事的字数不长，篇幅比较小。

师：看来这段时间，同学们都阅读了不少神话故事，发现了神话故事独有的特点。这节课，我们继续走进一则充满神奇与想象的神话故事，一起读课题。

生：女娲补天。

板块二：初读课文，整体感知故事内容

师： 这是一篇略读课文，请同学们读一读阅读提示，试着标一标有几个学习活动？

屏幕出示：

女娲补天这个神话故事，处处充满着神奇的想象。默读课文，说说故事的起因、经过和结果。发挥自己的想象，试着把女娲从各地捡来五种颜色石头的过程说清楚、说生动。

生： 总共有两个学习活动。第一个是默读课文，说说故事的起因、经过和结果；第二个是发挥自己的想象，试着把女娲从各地捡来五种颜色石头的过程说清楚、说生动。

师： 这节课学什么我们已经清清楚楚，接下来我们挑战第一个学习活动。请同学们先读一读第一组词语。

屏幕出示：

创造人类　欢声笑语　快乐幸福

师： 谁能借助这些词语，根据课文内容说一句话？

生： 女娲创造人类，大地上充满欢声笑语，人们过着快乐幸福的生活。

师： 我们接着读第二组词语。

屏幕出示：

大窟窿　黑黝黝　惊慌失措　四处奔跑　混乱　恐怖

师： 读着这些词语，你能用一个词语来形容这样的画面吗？

生： 天崩地裂。

生： 满目疮痍。

生：惨不忍睹。

生：天昏地暗。

……

师：最后，请同学们读第三组词语。

屏幕出示：

捡来　熔炼　炼成　修补

师：这是描写女娲补天的过程。你能用上关联词连起来说一说吗？

生：女娲先是捡来五种颜色的石头，接着用神火熔炼，把石头炼成石浆，最后女娲用这些石浆把大窟窿修补好。

师：现在，请同学们试着借助屏幕上的词语来说一说故事的起因、经过和结果。自己先练习说，再同桌相互说。

（学生自主练习，指名交流。）

生：故事的起因是水神共工和火神祝融打架了，导致不周山被撞断了，天上露出了一个大窟窿。人们惊慌失措，四处奔跑，世界一片混乱。

生：故事的经过是女娲用五色的石头熔炼成石浆，把大窟窿修补好了，并用大乌龟的四条腿把天空撑了起来。

生：故事的结局是天和地恢复了平静，人类获得了新生。

师：刚刚是邀请了三位同学分别来讲故事的起因、经过和结果，哪位同学能完整地讲述故事的主要内容。

生：由于水神共工和火神祝融打架，水神共工将不周山撞断，天上露出了一个大窟窿，地裂开一道深沟，整个世界陷入了混乱之中。女娲用五色石熔炼，把大窟窿补好并用乌龟的四条腿撑起整个天空。此外，女娲还杀死作恶的黑龙，用灰把地缝堵住。最后，天地恢复了平静，人类获得了新生。

师：讲述得完整、清晰、流利！我们通过抓关键词的方法分别说了故事的起因、经过和结果，最后将内容串联起来就是主要内容。

板块三：细读文本，放飞想象感受神奇

师：接下来，请同学们默读课文，找一找：故事中哪些地方充满神奇的想象？哪些情节特别触动你？请你画一画。

（学生完成学习活动，教师巡视，指名交流。）

生："天上顿时露出了一个大窟窿，地上也裂开了一道道黑黢黢的深沟，洪水从地下喷涌而出，各种野兽从山林里跑出来残害人类。"这些语句让我觉得充满神奇，也很触动我。因为读着这些文字，仿佛世界末日来临了，而人类在灾难面前是如此的渺小。

师：同学们，请你展开想象：天上露出大窟窿会是怎样的场景？地上有深沟又会怎么样？洪水喷涌、野兽残害百姓又是怎样的画面？

生：天上露出大窟窿就会一直不断地下雨。

生：地上有深沟，周围的房子、道路都会倒塌。

生：整个世界都是汪洋大海，人们流离失所，无家可归。

生：那些凶猛的动物就会出来伤害百姓。

师：可见，这真是一场怎样的灾难？

生：可怕的灾难。

生：恐怖的灾难。

生：混乱的灾难。

生：悲惨的灾难。

师：谁能用朗读表现出这可怕、悲惨、混乱的灾难？

（指名学生朗读）

师：你感受到这是一场可怕的灾难了吗？

生：没有。

师：谁能再来读一读？

（指名学生朗读）

师：这一次，你感受到这场灾难的可怕了吗？

生：感受到了。

师：你从哪里感受到了？刚才两位同学的朗读有什么不一样？

生：听第二位同学朗读，会让人产生紧张、恐惧之感。他把"顿时"

"大窟窿""黑黝黝""喷涌而出""残害人类"读得特别响，表现出了灾难的恐怖。

　　师：点评得真好！当朗读者带着情绪进入状态时，自然而然也会感染听者。请同学们自己试着练习朗读。

　　（多种形式朗读，读好"大窟窿""黑黝黝""喷涌而出""残害人类"等词语。）

　　师：让我们通过一个视频感受那惊心动魄的一幕。

　　（屏幕播放世界一片混乱的视频）

　　师：整个世界多么的可怕，人们——

　　生：（读）惊慌失措，四处奔逃。

　　师：整个世界——

　　生：（读）陷入了一片混乱和恐怖之中。

　　师：真是触目惊心的一幕！看着一个个惊慌失措、流离失所的百姓，听着一声声悲痛的惨叫，此时你的心情如何？你又会怎么做？

　　生：我的心情很难过，很想去帮助他们。

　　生：我很着急，想赶紧消灭那些猛兽，然后解救百姓。

　　师：女娲见此情景是怎样的心情，又是怎么做的呢？谁来读一读？

　　生：女娲看到这情景，难过极了，决心把天和地修补起来，让人类重新过上幸福的生活。

　　师：从你的朗读中感受到了女娲难过的心情以及把天和地重新修补起来的决心。谁愿意再来读一读。

　　生：女娲看到这情景，难过极了，决心把天和地修补起来，让人类重新过上幸福的生活。

　　师：请同学们继续来分享故事中哪些地方特别神奇？哪些地方的情节特别触动你？

　　生：我觉得女娲补天的过程很神奇也很感人。

　　师：你能结合课文展开说一说吗？

　　生：比如从"女娲用这些石浆把天上的大窟窿修补好。从此，天上便有了五色的云霞"中得知，彩色的石头竟然能变成五彩的云霞，这让我感到神奇。还有女娲要经过"捡五彩石，熔炼，炼成石浆，修补"的过程，这其中一定会遇到很多困难，女娲很了不起，这很触动我。

师：很会读书，有自己的思考和感悟。请大家闭上眼睛想象，那天边五色的云霞就是女娲用五色石浆所修补的，这样的云霞是不是很神奇呢？我们一起读一读这两句话。

生：（齐读）女娲用这些石浆把天上的大窟窿修补好。从此，天上便有了五色的云霞。

师：还有哪些地方特别神奇？哪些地方的情节特别触动你？

生：我觉得这里也很神奇，女娲杀了大乌龟，斩下它的四条腿，竖立在大地的四方，把天空撑起来了。原来，古代时候乌龟的腿竟然这么巨大。

生：女娲用芦苇烧成的灰将喷涌洪水的地缝给堵住了，这很神奇。那么深的地沟，得用多厚的芦灰啊。

师：同学们，女娲在捡五彩石、修补天空、斩杀大乌龟、杀死黑龙、芦苇烧灰的过程中，她的内心会想些什么？

生：她可能会想：为了百姓的性命，我一定要把天和地修补好。

生：她可能会担忧：天会不会再塌下来？也许用乌龟的四条腿是最好的办法。

生：她可能会想：和受苦的百姓们相比，我一个人受的苦不算什么。

生：她可能会想：作恶的黑龙，请你们赶紧离开，否则我就不客气了。

师：从中你感受到女娲什么样的精神品质？

生：她充满智慧。

生：她很英勇。

生：她很善良。

师：同学们，带着理解和感受一起来朗读课文第四自然段。

（学生有感情朗读第四自然段。）

板块四：创编故事，清楚生动地说过程

师：同学们，对照着阅读提示中的学习要求，我们还有一项学习活动，那就是发挥自己的想象，试着把女娲从各地捡来五种颜色石头的过程说清楚、说生动。课文中是如何描写她捡石头的？找到句子读一读。

生：女娲先从各地捡来赤、青、黄、白、黑五种颜色的石头，燃起神火熔炼。

师：课文只是用一句简短的话介绍了女娲寻找彩石的过程，留给我们无限的想象空间。这是一项巨大而又艰难的工作，请同学们展开想象，把这处情节说清楚、说生动。

生：女娲跋山涉水，在山东找到了一颗赤红的石头和一颗青色的石头。女娲轻而易举地将赤色石头从缝里取了出来，但那颗青色的石头旁边却有一位小人守着："你得摘一个苹果和我交换。"女娲只好满足他，飞到了苹果树上，摘下一个又红又大的苹果和小人交换。女娲顺利地得到了两颗石头，她又踏上了寻找之路。她飞越森林，跨越大海，心里想着一定要把天给修补好。好巧不巧的是，一条神龙吐出了白色的石头，这着实把女娲吓了一跳。女娲赶紧将白色的石头揣在兜里，就在这时，女娲发现黄、黑石头在一条黑龙的胸前。这只能是正面交锋了！女娲和黑龙交战了十天十夜，终于战胜了黑龙并拿到了石头，但此时的女娲已经遍体鳞伤。

师：寻找五彩石的过程可谓是跌宕起伏，困难重重。看来要想把故事情节说清楚、说生动，少不了人物的语言、动作、故事内容等。谁愿意再来分享故事？

生：女娲先出发寻找赤石，可是赤石却藏在沸腾的火山里。那滚烫的岩浆升腾着热气，女娲尝试了很多办法但都失败了。女娲心里很苦恼，因为两个小天使一直在她耳畔嗡嗡作响。粉红小天使对女娲说："女娲，你得抓紧时间，还有很多人在受苦，你得赶紧救救他们。"女娲心软，看着流离失所的百姓不禁潸然泪下，她伸手去拿，可是黑色小天使却来阻止："等下，这明明是人类自己的事情，关你什么事？费力又伤身，何必呢？"女娲一想似乎有些道理，但是善良的女娲还是冒着生命危险伸手把赤石取了出来。

师：虽然只讲了寻找赤石的过程，但从同学们的眼神中可以得知，你讲得太精彩了！掌声送给你！两个小天使的出现，一直让女娲左右为难。

但是，善良终究战胜恶魔，女娲美好的心灵让我们动容。在人教版教材中，有一段描写女娲捡石的过程，我们一起读一读。

屏幕出示：

女娲决定冒着生命危险，把天补上。她跑到山上，去寻找补天用的五彩石，她原以为这种石头很多，用不着费多大力气。到山上一看，全是一些零零星星的碎块。她忙了几天几夜，找到了红、黄、蓝、白四种颜色的石头，还缺少一种纯青石。于是，她又找啊找啊，终于在一眼清清的泉水中找到了。

师：同学们创编故事的能力不亚于大作家的水平呢！在同学们的想象中，古老的故事又重新熠熠闪光。课文学完了，此时，你们有什么想说的或者想做的？

生：我想画一幅女娲的像，感谢她为人类所做的一切。

师：看来你已被女娲的精神所感动，希望你能带着女娲精神勇往直前。

生：我已经读完了《中国神话故事》，我还要继续读《希腊神话故事》。

师：看来你已经深深爱上神话故事。同学们，今天我们学习了千古流传的神话故事——《女娲补天》，认识了一位勇敢、善良、充满智慧的女神——女娲，感受到她征服自然、奋不顾身追求美好生活的精神。课后，同学们不妨继续追寻神话故事的脚步，阅读相关的故事。

读清故事　读出神奇　读懂人物

——《女娲补天》点评

上海市松江区第三实验小学 特级教师　谢江峰

　　《女娲补天》是小学语文教科书四年级上册"神话单元"的一篇略读课文，故事以绮丽的幻想、大胆的想象塑造了女娲这一人物形象。《中国文学大辞典》这样定义"神话"："民间文学体裁。是远古时代人类创造的反映自然界及人与自然关系的具有高度幻想性的叙事作品。"《女娲补天》这个故事符合神话故事的全部特征，是我国的经典神话故事，世代相传，流传至今，女娲也成为美丽、善良、智慧、英勇的化身。

　　陆智强老师执教的《女娲补天》一课，聚焦单元人文主题，紧扣语文要素，抓住神话故事的文体特征，以朗读作为教学的切入点，整节课，书声琅琅，"读"占鳌头，学生在朗读中走进神话故事的神奇世界，积累精妙语言，习得阅读方法，获得精神滋养。

　　下面就这一节课的朗读教学简单谈一些个人的学习体会：

一、把握文体特征，明确"读"的任务

　　在教学的开始阶段，陆老师带学生回顾已经学过的神话，如《盘古开天地》《精卫填海》《普罗米修斯》等，知道这几篇课文都是神话故事，其主要特点是充满幻想和想象，人物性格鲜明，爱憎分明，主人公具有常人不具备的非凡能力。教师引导学生初步感受神话故事的特点，把握神话的文体特征，为下文的教学做好铺垫，也为朗读教学的展开和指导提供了依据。

　　《女娲补天》是略读课文，老师引导学生读"阅读提示"，明确这一篇课文的学习有两个基本的任务，一是默读课文，说说故事的起因、经过和结果；二是发挥自己的想象，试着把女娲从各地捡来五种颜色石头的过程说清楚、说生动。如果说教学的开始阶段是整体上把握的话，那么借助

"阅读提示"明确学习任务,则指向的是"这一篇",结合神话这一文体特点,如何来读呢?首先按起因、经过、结果的顺序读清楚故事的主要内容;其次,在朗读课文的基础上,发挥想象,把具体的情节说清楚,讲生动,在学生清楚、生动的讲述中再次感受神话故事神奇的想象。

"了解故事的起因、经过、结果,学习把握文章的主要内容。""感受神话中神奇的想象和鲜明的人物形象。"是本单元的两个重要的语文要素,上课伊始,老师直奔单元语文要素,在整体把握中明确"读"的任务。

二、结合词语教学,读清神话故事之内容

《女娲补天》的故事尽管耳熟能详,但让学生正确把握故事的主要内容并不是一件容易的事。如何抓住故事的起因、经过、结果,说清楚故事的主要内容,陆老师出示了三组词语,第一组词语,说清楚了女娲补天后人们幸福生活的情况;第二组词语,再现了不周山被撞断后人们处在水深火热之中的场景;第三组词语,都是写女娲补天过程的词。三组词语分别对应了故事的起因、经过和结果,学生通过朗读词语,把这些词语连成一句话、一段话,初步把握了课文的主要内容。

为陆老师如此巧妙的设计点赞!此环节看似简洁,实则别具匠心。中年级学习把掌握文章的主要内容,作为教学重点,也是学生学习的难点。三组词语的朗读既是进入课文学习前对生字词语的检查,也为把握文章主要内容搭起了"脚手架"。词语的检查、复习和课文主要内容的梳理浑然天成,读词语的过程也是"读"主要内容的过程。

三、展开丰富想象,读出神话故事之"神"

想象,本来就是神话故事最重要的特征之一。在这节课上,陆老师依托文本中的想象,让学生读出神话故事的"神"。在教学中,老师引导学生默读课文,找一找课文中充满神奇想象的句子。"找到相关句子——体会神奇想象——读出故事的神奇"这是本课教学的基本路径。

在此基础上,老师又让学生进行二度创作,展开自己的想象,在头脑中形成画面,进一步理解故事内容,感受人物形象。比如读到"天上顿时

露出了一个大窟窿……各种野兽从山林里跑出来残害人类"时，老师适时提出："天上露出大窟窿会是怎样的场景？地上有深沟又会怎么样？洪水喷涌、野兽残害百姓又是怎样的画面？"学生在自我的想象中感受灾难来袭的悲惨场面，同时将这些画面也通过朗读展现了出来。

与此同时，播放"世界混乱"的有关视频，帮助学生和自己的想象一起，建立新的画面，读出当时人们"惊慌失措，四处奔逃"，整个世界"陷入了一片混乱和恐怖之中"的画面。教学中，老师围绕"想象"一词展开教学，想象画面读课文，结合视频想象，再读好课文，教学在富有层次的推进中逐步深入，渐入佳境。

四、体验人物心情，品读神话人物之形象

只有走进故事，靠近人物，对故事的理解才会更深入，人物形象的感受才会更加深切。陆老师深谙此道，在课堂中，多次引导学生体会主人公女娲的心情。在学习了第二自然段之后，让学生思考："女娲见此情景是怎样的心情，又是怎么做的呢？谁来读一读？"通过体会女娲的心情，进而感受人物形象，在体验与朗读中，主人公的情感越发清晰，学生逐渐靠近故事，靠近人物。

又比如，学习课文第四自然段"女娲补天"这一关键段落时，老师再次提出问题："女娲在捡五彩石、修补天空、斩杀大乌龟、杀死黑龙、芦苇烧灰的过程中，她的内心会想些什么？"通过人物心情的体验，设身处地地感受到了女娲为了大家、为了人类不怕危险、甘于奉献的精神，女娲的善良、智慧、坚毅、勇敢的人物形象也深深地印在了学生心里。

在这堂课的结束阶段，陆老师引导学生创编故事的关键情节，完成阅读提示的第二个任务，在讲清楚、讲生动的基础上再一次品读人物，同时也读出了神话故事之气象。

陆老师像一个指挥家，用一根"魔棒"引领学生走进了神话世界，走进了女娲补天这个故事。这根"魔棒"就是朗读，课堂上，学生一次次深入文本朗读、想象感悟和思考，古老的神话故事焕发出了新的活力，重新伫立在学生的心头，成为孩子们头脑中永远的经典。

第五辑

古诗文朗读教学

"积土成山，风雨兴焉；积水成渊，蛟龙生焉；积善成德，而神明自得，圣心备焉。"古诗文的教学以朗读为抓手，学生在不同层次的朗读练习中步步深入，以感促读，以读促悟，水到渠成地领悟古诗词魅力，逐渐形成扎实的语文能力。

古诗文中的"读"门秘籍

自古以来，中国是诗歌的国度。诗词歌赋灿若繁星，源远流长，无数仁人志士留下了许多宝贵的作品。一代又一代的中国人都痴迷于"诗词"这一审美方式与表达方式，而苏东坡所说的"腹有诗书气自华"，更是无数中国人所推崇向往的境界。统编教材一共编排了 129 篇古诗文，约占总篇目数的 30%。其中，古诗词由原来的 75 首增加到 112 首，增幅高达 49.3%，文言文一共安排了 14 篇。可见，古诗文在教材中的比重越来越大。

张田若先生曾说："阅读教学，第一是读，第二是读，第三还是读。读懂的过程，就是阅读能力形成的过程，就是语感形成的过程，就是语言积累的过程。"在古诗文教学中，朗读无疑也是最重要的手段。优秀的古诗文是汉语言的典范和精华，文辞凝练，讲究平仄押韵，无论从思想内涵、情感意趣还是艺术技巧，都尽善尽美、精妙绝伦，吸引着一批又一批朗读爱好者为之吟咏诵读、咀嚼品味。课堂上，学生通过朗读可以感受古诗文节奏和韵律的变化，从而更加深刻地体会到古诗文所创造的意境和表达的情感。

然而，当下古诗文朗读教学却处在这样的困境：学生很难体会到"稻花香里说丰年，听取蛙声一片"的丰收喜悦，难以感受"黄沙百战穿金甲，不破楼兰终不还"的豪情壮志。究其原因，主要有以下三点：第一，诵读浅。部分教师由于朗读意识薄弱、朗读水平欠佳等因素，只要求学生读准字音，读通诗句，未能引导学生去寻找和感受古诗文中叠音的和声美、平仄的跌宕美、押韵的回环美和语调的音韵美，导致学生诵读古诗文的能力欠佳。第二，评价空。当学生朗读之后，教师缺乏有力及时的指导，很多教师在课堂上往往采用"读得真棒""读得真好听"来评价学生的朗读，学生听完之后，对于"好在哪里""为何棒"比较模糊，对其他同学也无法起到示范作用。如此缺乏实质性的朗读评价，学生的朗读水平自然而然不能提高。第三，时间缺。很多学生在课堂上得不到朗读展示的机会，部分教师往往会选择朗读能力较强的学生在课堂上进行示范，这忽视了朗读能力较弱的同学。因此，大部分学生缺乏时间和机会在课堂上与古诗文进行深情"对话"。

如何将朗读与古诗文教学的各个板块相融合，合奏出美妙的乐章呢？以下是笔者的尝试与思考。

一、关注停顿晓节奏， 读出韵律之美

古诗文讲究平仄押韵，读起来朗朗上口，或是气势十足，或是富有音韵美。教学时，教师要遵从学生的认知规律，把握朗读的层次性。首先，教师要引导学生读准字音，读通诗句，难读的字音或者多音字要进行重点点拨。接着，根据诗文固有的节奏划分停顿。例如，四言诗划为"二二"节奏，五言有"二二一"和"二一二"节奏，七言则有"二二三"和"二二一二"节奏。然后，教师还要引导学生关注韵脚的朗读。在一般情况下，绝句、律诗一韵到底，在朗读时，韵脚不能含糊带过，要读得响亮并且稍长，方能读出诗歌的韵味。此外，古人在创作诗文时，还讲究平仄。简单来说，在朗读时平声音稍拉长，仄声音稍短促。在初读环节，就这样一步一步循序渐进地引导学生读出古诗文别样的韵味。以下是笔者在执教《秋夜将晓出篱门迎凉有感》时，在初读板块设计的朗读活动：

1. 读好诗题，理解诗题。出示学习活动，通过选择题的方式引导学生理解并读好诗题。预设："秋夜将晓"指的是时间，"出篱门"是地点，"凉"是凉风。诗歌题目的意思是：秋夜即将过去，天快要亮了，走出篱笆门，迎面吹来了阵阵凉风，不禁感慨万分。

2. 读准字音，读通诗句。诗人有着怎样的感慨呢？让我们走进诗句去品一品。出示学习活动：请同学们尝试着自己读一读整首诗，要求读准字音，读通诗句。交流反馈，重点字的提醒："仞"和"岳"是生字，特别

要注意"仞"的读音为前鼻音。

3. 划分停顿，读出诗韵。读古诗不仅要读准字音，还要讲究读出诗的韵律来。请同学们用"/"符号来画一画诗歌的节奏。采用自由读、男女生配合、师生合作等多种形式朗读。

从读好诗题，到读准诗句字音，读出节奏，每一步骤都指向明确的能力提升，学生习得的过程非常清晰，并最终内化为学生读古诗文时应有的朗读语感。在此基础上，教师带领学生逐渐入情入境。

二、聚焦意象解诗意， 读出画面之美

朱光潜先生在《诗的境界——情趣与意象》中写道："每首诗都自成一种境界，无论是作者或是读者，在心领神会一首好诗时，都必有一幅画境或是一幕戏景，很新鲜生动地突现于眼前。"意象是构成这些画面的重要组件。古诗文的美，在于它的意象美。朗读时，教师要引导学生展开想象，唤起沉睡的情感记忆，化抽象为具体，化静止为动态，化诗境为我境，依托诗人所描绘的意象在脑海中如同电影一般生成一幅幅画面，全身心地参与诗歌意境的复现与再造，真正做到朗读时眼前有画面，心中有情感。那么，在教学中如何引导学生聚焦意象，读出画面之美呢？笔者以特级教师王崧舟老师执教的《长相思》一课为例。

意象一："身""心"归何处
师：现在王老师提两个问题，看看你对这首词大概的意思掌握了没有。（板书：身）第一个问题，作者的"身"，身体的"身"，作者的"身"在哪里？何方？
生：作者的"身"在前往山海关外。
师：山海关外。谁还有不同的想法？
生：前往山海关的路上。
师：继续说。
生：作者的"身"在山海关。

117

师：谁还有不同的理解？身在何方？

生：身在山海关那边。

师：好，那么，"山一程"呢？"身"在哪里？还可以在哪里？

生：可能在山上。

生：可能在非常高的山上。

师：那么，"水一程"呢？他的"身"还可能在哪里？

生：他可能在船上。

师：那么，"夜深千帐灯"呢？他的"身"可能在哪儿呢？

生：他可能在营帐里。

师：他经历了许许多多的地方，这就是作者身在何方。一句话，作者身在征途上。（板书：在征途）

师：下面我提第二个问题。（板书：心）纳兰性德的"心"，心情的"心"，心愿的"心"，"心"在哪儿？

生：他的"心"在故乡。

生：他的"心"在家乡。

师：用文中的一个词，纳兰性德的"心"在哪里？

生：故园。

师：同学们，身在征途，心在故园。若是把它们连起来，你有什么发现和体会？

生：我发现，他身在征途，却很想念家乡。

生：我发现纳兰性德既想保卫家国，又想保卫自己的家人。

师：你的理解更深入。

生：我觉得纳兰性德不管在什么地方，心里总是有家乡。

师：好一个"不管……心里总是……"！同学们，这种感受，这种情感，这种心情就是——长相思。让我们带着这样的感觉，再来读一读《长相思》，试着把作者身和心分离的那种感受、那种心情读出来。

由于学生与纳兰性德所生活的时代相隔久远，缺乏生活经历，要想真切地体会诗人以及作品背后的诗意有一定的难度。王老师通过聚焦"身"

118

"心"意象，由"非常思念家乡"而过渡到对诗人"身"在哪里、"心"在何处的叩问，这是水到渠成的层层递进、步步深入。正是因为有了这一轻巧而精准的"点击"，学生又在潜心涵泳中真切地体悟到了诗人"身在征途、心系故园"幽怨哀愁。学生驰骋于想象的海洋，将"榆关""风""雪""山""水"读成了一幅幅立体的画面，读成了军旅生活，读成了一片故乡情，将生硬的文字符号转换为生动可感的情感画面。每一次意象的探析，便是情感的储蓄；每一次酣畅淋漓的朗读，便是情感最真实的流露与迸发，这无疑印证了"教古诗文最好的方式就是不教"的观点。宋代理学大师朱熹说过："读书之法，在于循序而渐进，熟读而精思。"蓦然回首，基于对意象的解读和理解，学生对作品的朗读，不再是停留于"读正确、流利"的层次，而是满怀对诗人、对作品的尊重和敬畏。

意象二："故园"声依旧

师：你们看到了那么多的画面。但是，同学们，在纳兰性德的记忆里面，他的家乡，他的故园，又是怎样的画面和情景呢？展开你的想象，把你在作者的家乡、故园看到的画面写下来。

（背景播放《琵琶语》音乐，学生写片段。）

生：我看见了纳兰性德的家乡鸟语花香，纳兰性德的家人在庭院中聊天；小孩子们在巷口玩耍嬉戏；放学归来的孩童们放下书包，趁着风放起了风筝……

生：我看到了那个晴朗的天气，妻子正绣着锦缎，孩子们在门外的草地里玩耍，一会儿捉蝴蝶，一会儿逮蚂蚱，一家人围坐在一起喝酒，聊天。

生：我看见了晚上月光皎洁，星星一闪一闪的，他的亲人坐在窗前望着那圆圆的月亮，亲人是多么希望纳兰性德能回到家乡与他们团聚啊！

师：天伦之乐，其乐融融。但是现在，这样的画面，这样的情景全破碎了。

（板书大大的"碎"字，指名学生再读《长相思》。）

师：在这里没有郊外的踏青，没有和孩子在一起的捉迷藏，没有杨柳依依，没有芳草青青，这里有的只是—— 一起读《长相思》。

（学生齐读）

师：长相思啊长相思！山一程，水一程，程程都是长相思！风一更，雪一更，更更唤醒长相思。让我们再一起读《长相思》。

（学生再读）

王老师话锋一转，将眼光聚焦于"故园"，通过问题"在纳兰性德的记忆里面，他的家乡，他的故园，又是怎样的画面和情景呢"，引导学生学生再次展开想象，寻觅故园深处的风景。叶嘉莹先生在《迦陵论诗丛稿》中写道："因为诗歌原为美文，美文乃是诉之于人的感性，而非诉之于人的知性的，所以能给予人一种真切可感的意向。"学生心随情动，在想象中还原故乡的点点滴滴，美好在笔尖流转，故园似乎变得真实感人：鸟语花香，稚子嬉戏，阖家团圆，其乐融融。而这一切和征途的艰辛、战争的残暴、亲人的思念形成鲜明对比。这里没有皎洁的月光，没有和妻子依偎在一起的温暖；这里没有牧童的短笛，没有和孩子们在一起的天伦之乐。这终究不过是梦一场，这一切都"破"了，故园并无此声。到这里为止，学生非常真切地感受到了诗人那一颗身在征途、心系家园的破碎之心。有了灵魂的激荡，学生再次读起《长相思》，同诗人伤悲，为诗人感怀，这俨然超出了情感的共振，而是生命的涅槃。

三、把握诗眼品情感，读出诗情之美

陆机在《文赋》中有云："立片言以居要，乃一篇之警策。"警策之言就是"诗眼"，它是指古诗词中最传神、最关键的字词，隐含着本诗的主旨和诗人特定的情感内涵，是本首诗词中的点睛之笔和灵气所在。在教学时，教师不妨从挖掘"诗眼"入手，顺势而为，层层引领学生品味古诗的含义，借助多种形式朗读来体会古诗词的意境，感悟古诗词的诗情，牵一发而动全身。例如，《闻官军收河南河北》是杜甫"生平第一快诗"。内容叙写了诗人听到官军收复失地的消息后，收拾行装立即还乡的事。字里行间痛快淋漓地抒发了诗人无限激动、兴奋的心情。全诗情感奔放，处处渗

透着喜悦。在教学时，特级教师罗才军老师以"喜"字为支架，勾连起整首诗的教学。

1. 初读古诗，聚焦"喜"

（1）出示学习活动：自由朗读古诗，要求读准字音，读通诗句，读出节奏。重点点拨"蓟"和"裳"的读音。

（2）整体感知：读着读着你觉得整首诗表达了诗人怎样的心情，请你圈一圈？反馈：喜。

2. 品味赏析，感受"喜"

（1）出示学习活动：从哪些地方体会到诗人的这种喜悦的心情？请同学们画一画。

（2）点拨：涕泪满衣裳是喜极而泣；妻子愁何在是喜笑颜开；漫卷诗书说明杜甫迫不及待地想回家，是欣喜若狂；诗人在大白天唱歌喝酒，这是喜不自禁；从巴峡到巫峡，从襄阳的洛阳又是何等的归心似箭之喜。相机指导朗读，读出喜悦之情。

（3）出示《闻官军收河南河北》的楷书、隶书、草书三幅书法作品，引导学生猜测：如果杜甫当时写这首诗，会用哪一种字体？借助书法再次与诗人"喜欲狂"的心情同频共振。

3. 探寻缘由，为何"喜"

1. 思考：诗人如此激动的原因何在？因为"忽传收蓟北"的消息让诗人"喜欲狂"。

2. 探究：诗人这样欣喜若狂仅仅是因为个人吗？播放安史之乱视频，了解时代背景。点拨：诗人为国家收复失地而喜，为千千万万流离失所的百姓而喜。

"诗眼"就像是一把打开诗人隐藏在诗中情感的钥匙。教师在教学时要找准"诗眼"，紧扣"诗眼"，学生在反复锤炼、咀嚼和朗读中感受"诗眼"蕴藏的无穷奥秘，进而理解古诗内容和诗人的情感，整堂课行云流水，一气呵成。有了这样的整体把握，学生在朗读时就能充分表达古诗文的情感，读出古诗文的诗韵之美。笔者借鉴此方法，在教学《从军行》时，围绕"暗"和"孤"字展开教学。这里的"暗"不仅指阴云遮暗了雪山，使雪山变得昏暗，更是指诗人远离家乡，远离亲人，心情的暗淡、低沉；而"孤"不但指在广袤的西北大地，这座城池显得孤零零的，更是诗人的内心写照。因此，学生的朗读自然而然能准确表达诗人的情感。同样，《秋夜将晓出篱门迎凉有感》的教学可以紧扣"凉"字展开。秋夜即将过去，天快要亮了，诗人走出篱笆门，迎面吹来了阵阵凉风，不禁感慨万分。中原广大百姓长期遭受金朝统治者的蹂躏，他们民不聊生，家破人亡，苦苦盼望王师能来解救。可是统治者们却在喝酒，在寻欢作乐，他们根本看不到百姓的血泪。这一切只有诗人陆游都看在眼里，所以这个"凉"更多的是悲凉与凄凉。

四、链接资料明背景，读出诗韵之美

入选统编教材的古诗文经久传诵，距离我们生活的年代较久远，加上文化的隔膜，学生和诗人之间的情感也会产生距离。古人讲："文章合为时而著，歌诗合为事而作。"一篇古诗文的创作往往与当时的时代、社会、生活等有着千丝万缕的联系。在教学过程中，教师若要精准地理解古诗文所表达的含义，就要联系诗人生平、时代背景等资料，以此引导学生走进古诗文的意境，跨越时空，获得情感的共鸣和品读的趣味。例如，《石灰吟》是明代诗人于谦在十二岁时创作的作品。这是一首托物言志诗，诗人咏石灰也是吟咏自己心目中的理想人格状态，吟咏自己磊落的襟怀。在教学中，如何引导学生领悟这一层意蕴呢？笔者引入以下资料：

于谦是明朝著名的民族英雄，浙江钱塘人——（今杭州人）。在任期间，于谦严格执法，廉洁奉公，救济灾荒，关心百姓，具有很高的威望。公元 1449 年，明英宗贸然率大军出征，与北方的瓦剌军作战。土木堡一战明军大败，50 万人马全军覆没，英宗被俘。于谦临危受命任兵部尚书，扶英宗之弟为景帝，并亲自督战五昼夜打败了瓦剌军，赢得了京师保卫战的胜利，英宗也得以归国。可是回朝后，于谦不仅没有受到嘉奖，反而遭到朝中恶势力的迫害，以叛逆罪被杀害。

当学生联系背景之后，再来品读"粉骨碎身浑不怕，要留清白在人间"，不难看出这首诗就是诗人一生的写照。诗人自幼就将生死置之度外，他在赞颂石灰坚强不屈、洁身自好的品质的同时，抒发了自己不同流合污、坚决同恶势力斗争到底的思想感情。笔者认为，读诗的最高境界就是在诗歌的意境里走几个来回。在教学时，教师还可以借助背景资料还原诗人当时创作的场景，沿着诗人的人生轨迹，进行纵向赏析，不断丰盈学生的情感。同样以《石灰吟》一课的教学为例，笔者借助资料，沿着于谦的成长轨迹，努力将学生的心灵与诗歌相融合，从而达到情动而辞发的效果。

①少年抒怀：十二岁的于谦就写下了《石灰吟》这样慷慨激昂的诗。思考当时的少年于谦为什么要写下这首诗？（学生交流，预设：于谦是个很有志气的人，从小就怀有精忠报国的理想，就想做一个品格高尚的人。）假如你就是当年那个意气风发的于谦，你会怎样高声诵读这首诗？（学生朗读《石灰吟》）

②为官感悟：为官后的于谦依然不忘自己年轻时写下的《石灰吟》。当他回首自己十几年的为官生涯时，一定会感慨万千。他会有什么深刻的体会呢？假如你是为官后的于谦，你会以什么样的心情再次吟诵这首诗？（学生朗读《石灰吟》）

③临刑陈词：本该受到重赏的于谦，却惨遭陷害。试想临刑前的于谦一定有无数的话想向世人诉说。他最想说什么？（学生交流）千言万语道不尽于谦的心怀，不如化作声泪俱下的吟诵。（学生朗读《石灰吟》）

④后世评价：于谦的一生如石灰一样，后人评价他："有巍巍定难之功，有侃侃立朝之节，有孜孜及民之惠，有徽徽律贪之洁。"今天我们学习他的《石灰吟》，就是学习他的崇高精神。人已远去，精神长存，无限的感动，化作深情的诵读。（学生朗读《石灰吟》）

读一首诗就是读一段历史，读一首诗就是读一位诗人。通过"少年抒怀""为官感悟""临刑陈词""后世评价"四个阶段的资料建构，学生对于诗人的形象把握也更加立体和全面，在朗读"粉骨碎身浑不怕，要留清白在人间"时，用源自内心的情感发出真实的声音，振聋发聩，铿锵有力。可见，基于文化传承的视野下，通过背景资料的引入，多维度地求索、揣摩，可以使古诗文教学变得有深度、有高度和有宽度。同时，随着学生对古诗文的理解逐步深入，实现了经典诗词与当下生命的共鸣。

五、群诗拓展悟情深，读出诗魂之美

《义务教育语文课程标准》（2011 年版）提出：语文课程应致力于语文素养的形成与发展，重视语文的熏陶感染作用，要求语文教师拓展语文学习和运用领域，整合教学资源，培养学生的实践能力，在发展语言能力的同时，发展思维能力，激发想象力和创造潜能。因此，在古诗词教学时，教师不妨根据教学内容适时、适当、适量地拓展学习的空间，通过群诗阅读、对照朗读等形式帮助学生理解重难点，丰富学生的语言积累，提高语言感知能力。

例如，教师在教学时可以拓展朗读"同意象"的作品。众所周知，意象在一首古诗词中具有核心意义，它不是简单、普通的事物，往往寄托着诗人独特的情感和价值取向。在教学《从军行》时，"孤城""玉门关"是诗中典型的意象。笔者在教学时引入王之涣的"羌笛何须怨杨柳，春风不度玉门关"；李白的"长风几万里，吹度玉门关"；唐彦谦的"百战沙场汗流血，梦魂犹在玉门关"。通过朗读，学生发现在边塞诗中诗人会经常运用"孤城""玉门关"等意象来表现边塞辽阔苍凉的景色。这些意象往往承载着戍守将士们保家卫国、建功立业的壮志豪情，同时也蕴藏着将士们思念家乡和亲人的深情，这已成为不朽的文化符号。在拓展交流中，学生不仅要读懂诗中的景，更要读懂诗人的情。

此外，教师还可以把同主题、同诗人或同风格的诗拓展朗读，让学生对诗句的理解更加立体、丰富。教材中选取了《从军行》中的第四首，教师不妨推荐学生课外阅读《从军行》的另外六首，以及杨炯的《从军行》

和李白的《从军行》，引导学生在反复诵读与对照赏析中感受边塞诗的语言特点和创作风格。教学《秋夜将晓出篱门迎凉有感》时，在金统治地区原宋朝百姓流离失所，民不聊生，他们苦苦等待，盼望王师能来解救他们，可是南宋统治者又在做什么呢？笔者引入林升的《题临安邸》，学生通过朗读直观感受到南宋统治者的醉生梦死，也由此体会到诗人内心的愤懑与对国家命运的担忧。在教学《闻官军收河南河北》时，笔者在课堂上拓展杜甫在战乱时所创作的《春望》和《茅屋为秋风所破歌》，引导学生感受杜甫如此"喜欲狂"的原因。总之，在教学中通过适当的拓展朗读，不仅能点燃学生学习古诗词的热情，更有助于学生语文素养、知识能力的提升。

随着央视《经典咏流传》《诗词大会》等节目的播出，在社会上掀起了亲近经典、热爱诗词、传承弘扬中华优秀传统文化的巨大热潮。所以，建议教师在教学时还可设计"古诗新唱"环节。通过诗与歌的有效融合，不仅能加深学生对古诗词的理解，帮助学生的背诵积累，更有利于提升学生的审美鉴赏能力。

"积土成山，风雨兴焉；积水成渊，蛟龙生焉；积善成德，而神明自得，圣心备焉。"总之，古诗文的教学要以朗读为抓手，学生在不同层次的朗读练习中步步深入，以感促读，以读促悟，水到渠成地领悟古诗词魅力，逐渐形成扎实的语文能力。

结合资料品语言　借助朗读悟真情

——五上《少年中国说》教学

【教学目标】

1. 通过借助形声字的构字特点、联系上下文等方法随文识记"泻""鳞"等6个生字，会写"潜""试"等7个生字。

2. 正确、流利、有感情地朗读课文，在了解作者写作思路、理解文意、反复朗读的基础上背诵课文。

3. 能结合注释和资料理解课文内容，并借助想象和图片来理解事物的象征意义。

4. 通过举例说明和联系生活现实，合作探究"少年中国"与"中国少年"的关系，体会作者对祖国繁荣富强的热切期盼，激励中国少年奋发图强，勇担建设少年中国的历史重任。

【教学过程】

板块一：重温历史，导入新课

1. 播放微课视频，学生讲述中国近代屈辱史：

八国联军侵华，民族危机空前严重。当时帝国主义污蔑中国是"老大帝国"，是"东亚病夫"，是"一盘散沙"，不能自立，只能由列强共管或瓜分。而中国人中有一些无知昏庸者，也跟着叫嚷"中国不亡是无天理""任何列强三日内就可以灭亡中国"，散布悲观情绪，民族危机空前严重。

师生展开交流：同学们，听完之后你们有什么感触？

2. 揭示课题：面对帝国主义的野蛮和卑劣，面对亡国奴的愚昧无知，面对前途一片渺茫的中国，一位青年适时地写下了千古名篇《少年中国说》。教师板书课题，学生齐读课题。

3. 介绍作者：学生交流课前搜集资料，教师相机补充：梁启超，中国近代思想家、政治家、教育家、史学家、文学家。17岁中举，后师从康有为，成为资产阶级改良派的宣传家。作为"戊戌变法"领袖之一，他领导北京、上海的强学会，创办《时务报》，是中国近代维新派代表人物之一。

4. 回顾篇章页，明确学习要求："结合资料，体会课文表达的思想感情"是本单元语文要素。在学习《古诗三首》时，我们就用借助注释、结合资料的方法来理解诗句的意思，体会诗人的感情。今天，我们要继续用这两种方法来学习。

板块二：预习反馈，梳理文脉

1. 预习反馈，重点字词点拨：同学们课前已经预习，认为这些词语比较难读，（课件出示：鳞爪飞扬　百兽震惶　鹰隼试翼　矞矞皇皇　干将发硎　地履其黄）请同学们自己先试着读一读，待会请小老师带读。

（1）教师随机邀请学生讲解难读的原因并带读。点拨："惶"是形声字，左边的竖心旁说明和心情有关；出示字典中"爪"的解释，根据意思识记字音；另外，特别强调"隼"为平舌音，"硎"为后鼻音。

（2）指名读、开火车读、全班齐读等多种形式朗读，读准字音，读熟课文，做到不添字，不落字。

2. 关注整齐的句式，读出停顿和节奏。

（1）引导思考：同学们，你们读完这些句子之后有什么发现？预设：这一自然段总共有十组四字词语，逢双句押韵，句式整齐，节奏明快，读起来朗朗上口，铿锵有力。

（2）指导朗读：谁能读出节奏感和力量感？自我练习，指名朗读，男女生配合，师生合作等多种形式朗读，注意要读得高亢，充满力量。

3. 梳理课文内容，理清文章脉络。

（1）出示学习活动：借助资料袋和注释，四人小组合作探究每一自然段写了什么内容。

（2）在学生交流的基础上，教师相机补充并明确：课文第一自然段先写建设少年中国的责任在于中国少年，接着第二自然段写少年中国的光辉前程，最后第三自然段赞美少年中国和中国少年。

板块三：诵读悟情，理解事物的象征义

1. 明确学习内容：根据预习单第三题"在预习，学习哪一自然段最有困难"，经统计，全班一半以上同学认为学习课文第二自然段有难度。接下来，我们就先来学习第二自然段。

2. 出示学习活动：请同学们默读课文第二自然段，圈一圈作者写了赞美少年中国的哪些事物？

（1）交流反馈，课件相机圈出：红日、黄河、潜龙、乳虎、鹰隼、奇花、干将。

（2）展开想象，体会事物的象征义：接下来请同学们结合注释和资料，一边朗读一边展开想象，你仿佛看到了哪些画面？教师以示范讲解"红日初升，其道大光"为例：我仿佛看到红日升起，道路光芒四射的壮观景象。再引导学生理解"红日"象征着少年中国像初升的红日一样未来光明、前程灿烂，从中感受到少年中国前程灿烂。其他内容可四人小组合作探究，之后全班交流。

（3）课件依次出示图片，教师配乐朗读。

（4）学生练习朗读，并进行指名读、同桌合作、师生对读等多种形式朗读，读出少年中国的朝气蓬勃，读出作者对少年中国的热烈赞颂和无限向往。

3. 思考：在这样的时代背景下，在祖国满目疮痍的情况下，作者为什么选择这些事物描写？这些事物象征什么？请同学们结合资料，完成以下练习题目。

（1）出示连线题目：

红日初升，其道大光	少年中国的巨大声威
河出伏流，一泻汪洋	少年中国蒸蒸日上，前程灿烂
潜龙腾渊，鳞爪飞扬	少年中国发展不可限量
乳虎啸谷，百兽震惶	少年中国的奋发有为

鹰隼试翼，风尘吸张　　少年中国的美好生活

奇花初胎，矞矞皇皇　　少年中国的前景壮丽，光芒四射

干将发硎，有作其芒　　少年中国的英姿和冲天气势

（2）学生交流，并相机阐述原因。

（3）引导：可见，作者借助这些事物来赞美中国，表达出：他希望少年中国是一个＿＿＿＿＿＿＿的中国。学生交流。（预设：朝气蓬勃、前程灿烂、锐不可当等）

4. 感悟朗读：少年中国如此壮美，要建成这样的少年中国，作者把这样的希望寄托于谁？中国少年（板书）因为——（学生接读）故今日之责任，不在他人，而全在我少年。少年智则国智，少年富则国富；少年强则国强，少年独立则国独立；少年自由则国自由；少年进步则国进步；少年胜于欧洲，则国胜于欧洲；少年雄于地球，则国雄于地球。

板块四：探究"少年中国"和"中国少年"之联系

1. 过渡：从同学们铿锵有力的朗读声中我仿佛看到了少年中国繁荣昌盛、富强壮美的景象。请同学们自由朗读课文第一自然段，一边读一边思考这些句子有什么共同特点？

（1）学生交流，教师明确：这些句子前半部分讲"少年怎么样"，后半部分讲"国家怎么样"。

（2）品语言之妙：如果把前后内容联系起来，请同学们思考可以选择哪一组关联词？

预设①："如果……就……"。师生合作朗读：如果少年智，国就智；如果少年富，国就富；如果少年强，国就强；如果少年独立，国就独立……

预设②："因为……所以……"。师生合作朗读：因为少年智，所以国智；因为少年富，所以国富；因为少年强，所以国强；因为少年独立，所以国独立……

预设③："只有……才……"。师生合作朗读：只有少年智，国才智；只有少年富，国才富；只有少年强，国才强；只有少年独立，国才独

立……

（3）反复朗读，引导学生从不同角度理解和感受"少年中国"和"中国少年"之间的紧密关系。

2. 关注层次的递进，探寻内在逻辑：教师把"智""富""强"标红，学生四人小组思考是否可以换成"强""智""富"？学生交流，教师明确"智""富""强"三者之间存在内在逻辑，不能变换顺序。同样，"独立""自由""进步"也不能调换顺序，存在着层层递进的逻辑关系；"欧洲""地球"在地理范围上也不断扩大，"胜"和"雄"在程度上也递进。

3. 朗读指导。在朗读时要注意句子的停顿和节奏，"智""富""强""独立"等关键字词要重音处理，整段的朗读语调由轻到重，整体气势由弱渐强。

板块五：展望未来，热情赞美

1. 教师引导读：此时此刻，少年中国的光辉前程犹如一幅幅画卷展现在我们的眼前，作者不禁感慨——（学生接读）美哉，我少年中国，与天不老！壮哉，我中国少年，与国无疆！

2. 朗读指导："哉"作为语气词，饱含作者无限的赞美。"美""壮"二字再次印证前文中的一系列比喻，再次勾勒出少年中国光辉灿烂的前程。多种形式反复朗读。

板块六：观照当下，拓展延伸

1. 过渡：如此振奋人心的誓言，在我们的心头永远激荡着。让我们把它一直留在我们的心中，并一直激励我们向前！播放微课。（视频解说词：岁月不居，时节如流，梦想在我们心中燃烧，未来在我们手中升腾，近百年来，中国人民一直在努力追寻着强国梦，在迈向富强的道路上，涌现出了大量优秀的人物，如地质学家李四光、核物理学家邓稼先、数学家华罗庚、杂交水稻育种专家袁隆平、人民的好干部焦裕禄、小岗村"大包干"带头人等等。七十多年峥嵘岁月，七十多年春华秋实，他们为共和国的发展贡献无悔的青春！）

（1）出示不同风格、不同名家创作的书法作品，师生跟随配乐朗读全文。

（2）《少年中国说》深深地激励着在座的我们，也深深地鼓舞着一代又一代中国少年，课后同学们以"强国梦道路上的英雄事迹"为主题，小组合作完成手抄报。

2. 了解"说"文体；诵读《少年中国说》整篇文章；推荐阅读戊戌变法、义和团运动等资料。

朗读　品句　冶情
——六下《送元二使安西》教学

【教学目标】

1. 能正确、流利、有感情地朗读诗句，读准"朝""舍"多音字。

2. 通过借助注释，想象画面的方法理解诗句的意思。

3. 通过情景的创设和多种形式的诵读，体会依依不舍之情；在拓展研读中感受送别诗的艺术风格。

【教学过程】

板块一：导入新课，初识诗人

1. 激趣导入。"独在异乡为异客，每逢佳节倍思亲"道出了多少漂泊游子对亲朋好友的深深思念；"遥知兄弟登高处，遍插茱萸少一人"勾起了王维和兄弟们在重阳佳节登高望远的点点滴滴。在王维的一首首诗中，我们都能感受到他是一个重情重义之人。这一天，他又特意从长安赶赴渭城为即将远行的朋友送行。

2. 出示诗题，理解诗题，齐读课题。请同学们结合注释理解诗题的意思。指名交流，教师明确：题目的意思就是王维送元二出使到安西。元二是诗人王维的挚友，姓元名常，因为在兄弟中排行老二，所以叫元二。元二奉朝廷之命出使安西都护府，王维特地到渭城为之饯行，而这一别不知何时才能相见。我们再来一起读一读诗题。

3. 了解诗人。关于诗人王维你们知道多少呢？学生交流，教师补充。

（王维，字摩诘，号摩诘居士，盛唐著名诗人、画家。代表作有《鹿寨》《九月九日忆山东兄弟》《山居秋暝》等。）

板块二：初读解题，读出韵味

1. 读准字音：接下来，请同学们自由朗读这首诗，要求读准字音，读通诗句。教师重点点拨："朝"是早晨的意思；"舍"是旅舍的意思。引导学生根据意思判断字的读音。

2. 读出韵律：读古诗不仅要读准字音，还要讲究读出诗的韵律来。请你再读一读，特别注意把每一句诗最后一个字的字调读到位。采取指名读，同桌配合读，师生合作读等多种形式朗读，读出古诗的韵味。

板块三：品读第一、二两句诗："渭城朝雨浥轻尘，客舍青青柳色新"

1. 苏轼曾经评论王维的作品："诗中有画，画中有诗。"

（1）请同学们圈一圈你都看到了哪些景物？指名学生交流，教师明确：朝雨、轻尘、客舍、柳。

（2）这些景物串联起来就构成了一幅幅画面，请同学们展开想象，你仿佛都看到了怎样的画面？

预设：

我仿佛看到了渭城早晨的雨湿润了地上的尘土。

我仿佛看到客舍周围柳树的枝叶翠嫩一新。

教师根据学生的回答相机理解"浥轻尘""柳色新"的意思。

（3）这雨仿佛天从人愿，为元二润泽出一个轻尘不扬、清新幽静的送别环境，这就是——（学生朗读）渭城朝雨浥轻尘，客舍青青柳色新。

（4）通过想象，我们理解了诗歌的一二两句，我们一起再来读一读。

2. 提问：渭城的景物有那么多，为何诗人只描写雨和柳呢？（板书：雨、柳）

（1）学生交流，教师补充：雨带给人惆怅，而"柳"呢，在古人眼里就更有含义了。"柳"与"留"音相近，古有折柳送行的习俗。来到送别的地方，折下柳枝送给行人，表示折柳赠别。从汉魏到隋唐，这一习俗相沿下来。所以古人看到柳，就会产生离别之意。

（2）出示含"柳"的送别诗句，学生品味朗读。

> 昔我往矣，杨柳依依。（《诗经·采薇》）
> 柳条折尽花飞尽，借问行人归不归？（佚名《送别诗》）
> 此夜曲中闻折柳，何人不起故园情。（李白《春夜洛城闻笛》）

（3）一"雨"一"柳"，悄然传递了缕缕情思，给诗人蒙上了一层淡淡的离别情愁，带着这样的感受，我们一起来朗读这两句诗：渭城朝雨浥轻尘，客舍青青柳色新。（板书：景淡）

板块四：品读"劝君更尽一杯酒，西出阳关无故人"

1. 渭城的早晨是一幅生机勃勃，焕然一新的景色，而元二出使安西的路途上又会是一番怎样的景象呢？

播放微课：

> 安西，指唐朝的安西都护府，是唐王朝管辖西域的军政机构，治所在龟兹，也就是今天的新疆维吾尔自治区库车县。元二是从渭城（今陕西咸阳市）出发，中途经过阳关（位于甘肃省敦煌市，是古代通往西域的重要关口）去安西的。这一路的距离非常遥远，有3500多公里，即使用当时最快的交通工具——马，顺风顺路也要走上一个多月。更何况出了阳关以后，一直到安西，都是大片的戈壁、沙漠，缺水少粮，路途极其艰险，花上三四个月也是常事。诗人岑参这样形容关外的情形："十日过沙碛，终朝风不休。马走碎石中，四蹄皆血流。"

（1）请同学们读一读诗人岑参的诗句，想一想这是一条怎样的阳关路，你从哪里看出来？展开交流。

预设：

这是一条崎岖不平、黄沙漫天，充满艰难险阻的路。

（2）历经3500多公里的长途跋涉，到了安西，还像渭城一样满目美景吗？显然不是。课件出示图片：

渭城春雨绵绵，安西却——黄沙漫天！

渭城生机勃勃，安西却——满目荒凉！

渭城亲友相伴，安西却——举目无亲，孤苦伶仃，陪伴他的是无尽的戈壁和满目的荒凉。

（3）元二能不去吗？当然不能，因为这是皇帝的命令，元二作为大臣，肩负着报效国家的重任。所以，作为他的好朋友，王维虽很不舍，此时也只能——劝君更尽一杯酒，西出阳关无故人。

2. 面对此情此景，你有什么想对元二说的？请你拿起笔写一写。

（1）预设：元二，此去路程遥远，请多带一点衣服和粮食，保重！

教师点评：这是一杯关心的酒，来，干了这杯酒！我们一起读——劝君更尽一杯酒，西出阳关无故人。就喝一杯酒够吗？一个"更"字表明不够，还要再喝一杯。你还想对元二说些什么呢？

（2）预设：元二，祝福你一路平安、顺利！

教师点评：谢谢这位兄弟，这是一杯祝福酒，这祝福就化在这诗句里，我们一起读——劝君更尽一杯酒，西出阳关无故人。

（3）王维和元二喝下的仅仅是一杯杯酒吗？是祝福、是不舍、是伤心、是担忧……（板书：酒、人）

3. 送君千里终须一别，让我们带着满满的祝福、不舍再来送一送元二吧：劝君更尽一杯酒，西出阳关无故人。

4. 配乐朗读。此次的分别也成为王、元二人最后的告别。此诗一经面世，人们被诗中的依依不舍之情所打动，把它谱成《阳关三叠》，请同学们跟着音乐来有感情地朗读这首诗。（板书：情浓）

板块五：归纳总结，拓展延伸

1. 学法小结。这节课，我们按照"读诗句——想画面——悟诗情"（相机板书）的步骤来学习《送元二使安西》。

请大家按照这样的方法，四人小组合作学习下面这首诗。

谢亭①送别

【唐】许浑

劳歌②一曲解行舟，红叶③青山水急流。

日暮酒醒人已远，满天风雨下西楼④。

注释：

①谢亭，又叫谢公亭，在宣城北面，南齐诗人谢朓任宣城太守时所建。他曾在这里送别朋友范云，后来谢亭就成为宣城著名的送别之地。李白《谢公亭》诗说："谢亭离别处，风景每生愁。客散青天月，山空碧水流。"

②劳歌：原本指在劳劳亭（旧址在今南京市南面，也是一个著名的送别之地）送客时唱的歌，后来遂成为送别歌的代称。李白诗有"天下伤心处，劳劳送客亭"。

③叶：一作"树"。水急流：暗指行舟远去，与"日暮酒醒""满天风雨"共同渲染无限别意。

④西楼：即指送别的谢亭。古代诗词中"南浦""西楼"都常指送别之处。

2. 明确学习任务。

（1）自由朗读古诗，读准字音，读出节奏和韵味。

（2）圈一圈，画一画，小组交流想象的画面。

（3）将《谢亭送别》《送元二使安西》对比阅读，说一说有哪些相同之处，感受送别诗的艺术风格。

3. 全班交流。

在浓郁的知音文化下品"知音"

——六上《伯牙鼓琴》教学实录

【教学目标】

1. 会写"哉""巍""弦"3个字，能正确、流利地朗读课文并背诵。

2. 通过借助注释、联系上下文等方法理解文意，在话题建构中想象并品读伯牙琴声里所表现出的动人场景，感受伯牙与子期高远的志向和博大的胸怀。

3. 能用自己的话说说对课文最后一句话的理解，并结合"资料袋"交流自己的心得。

【课堂现场】

板块一：直接导入，初识"知音"

1. 聚焦知音，齐读课题。

师：同学们，在古代友谊的最高境界就是"知音"。今天，陆老师要和大家一起穿越到两千多年前的春秋时期，一起走进一段感人至深的知音故事，齐读课题。(出示"伯牙鼓琴"，学生齐读)

2. 理解题意，导入新课。

师：谁能说一说题目的意思？

生：有一个叫伯牙的人在弹琴。

师：解释得很正确！琴是高雅的艺术，是身份的象征。为什么只有伯牙弹琴的故事能流传至今呢？请同学们打开课本，我们一起学习。

板块二：音准句顺，感知"知音"

1. 初读课文，读准字音，读通文句。

师：请大家自由朗读课文，要求读准字音，读通句子，遇到难读的地方多读几遍。

(学生自由朗读)

师：同学们都已经读完了，现在来检测一下大家的学习情况。请拿出学习手册完成学习活动一。

> 给下列加点字选择正确的读音，画上"√"。
> 少选（shǎo　shào）　汤汤乎（shàng　shāng）
> 以为（wéi　wèi）　世无足复为（wéi　wèi）鼓琴者

师：请同学来交流一下。（学生交流）

师：同一个"为"字为什么有两种不同的读音？

生："以为"就是"认为"的意思，所以读第二声；复为鼓琴者，这里"为"是"给"的意思，所以读第四声。

师：根据意思判断读音，这是学习的好方法。你能试着说说整个句子的意思吗？

生：认为世上再没有值得他为之弹琴的人了。

师：说得真好！理解了句意相信你也能把这句话读好，请你来朗读。

（指名读，全班齐读）

2. 再读课文，读出节奏，读出韵味。

师：这是一篇文言文，不仅要读准字音，还要读出味道来。哪位同学能学着古人的样子读一读整篇课文？

（学生朗读）

师：字字清晰，句句响亮。陆老师觉得这两句你读得特别好，在"乎"后面稍做停顿，韵味就出来了。请大家学着这位同学的样子练习练习，试着读好这两句话。

（学生练习，指名朗读）

师：节奏分明，颇有几分古人的味道。听了你们的朗读，老师也想来读一读。

（教师范读）

师：陆老师读得如何？（学生纷纷鼓掌）请同学们模仿着老师的样子练习练习。（学生练习朗读）

师：我们一起齐读，读出古文的韵味。

（学生齐读，读出节奏和韵味）

3. 聚焦人物，整体感知，交流反馈。

师：同学们，课文主要讲述了伯牙和子期的故事。（板书：伯牙、子期）课前经过了预习，请你们交流一下表格内容。（出示表格，指名学生反馈）

	伯牙	钟子期
身份	上大夫	樵夫
穿着	一身长袍、羽扇纶巾	青布包头、短布衫
国籍	晋国	楚国

板块三：建构话题，探究"知音"

1. 引出话题，合作探究。

（1）师：一位是上大夫，一位是樵夫，身份如此悬殊，可他们最终却成为彼此的"知音"。同学们，你从哪些地方看出伯牙和子期是"知音"？请说说你的理解。

生：当伯牙弹着琴，一会儿想着高山，一会儿想着流水时，子期能对他夸赞。

师：真会读！你说的其实就是文中哪一部分？

生：方鼓琴而志在太山，钟子期曰："善哉乎鼓琴，巍巍乎若太山。"少选之间而志在流水，钟子期又曰："善哉乎鼓琴，汤汤乎若流水。"

师：钟子期说的这两句话值得我们细细品味。接下来，请同学们按照三个步骤进行小组合作学习：

学习活动二：小组合作，自主探究。

1. 说一说：仿佛看到了一幅幅怎样的画面？

2. 谈一谈：这样的画面带给你们什么样的感受？

3. 读一读：有感情地朗读这两句：

善哉乎鼓琴，巍巍乎若太山；

善哉乎鼓琴，汤汤乎若流水。

（邀请小组展示，教师相机指导。）

师：这个小组的同学很能干，合作学习很有效，把所学所想通过朗读展示了出来。同学们，你们想不想看这样的太山和流水？（学生齐说"想"，播放视频）

师：同学们，谁还能用朗读来展现高耸入云的山、浩浩荡荡的流水？

生：善哉乎鼓琴，巍巍乎若太山。善哉乎鼓琴，汤汤乎若流水。

师：好一个善哉乎，你的朗读让我们身临其境。让我们和子期那样一起饱含深情地赞叹。方鼓琴而志在太山，钟子期曰——

生：善哉乎鼓琴，巍巍乎若太山。

师：少选之间而志在流水，钟子期又曰——

生：善哉乎鼓琴，汤汤乎若流水。

（2）**师**：同学们，这部分内容中，除了子期说的话之外，还从哪些字词中看出伯牙和子期是"知音"？请你再读一读，圈一圈。

生：我还从"方""少选"处看出他们是"知音"。

师："方""少选"什么意思？

生：一会儿，不久。表示时间短。

师：是啊，子期很快就能听出伯牙的琴声，所以他们是知音。我们一起齐读，读出知音的默契。

生：（齐读）方鼓琴而志在太山，钟子期曰："善哉乎鼓琴，巍巍乎若太山。"少选之间而志在流水，钟子期又曰："善哉乎鼓琴，汤汤乎若流水。"

2. 展开想象，品味赏析。

（1）同学们，伯牙被人们称为"琴仙"。那么，他的琴声里还有哪些动人的场景呢？

生：还能目睹皎皎明月。

师：善哉乎鼓琴，皎皎乎若明月。

生：还能感受一阵阵清风。

师：善哉乎鼓琴，徐徐乎若清风。

生：还能听到流水的声音。

师：善哉乎古琴，潺潺乎若流水。

（2）师：可是，课文中为什么只写志在太山，志在流水？其实，高山流水在中华文化中有着独特的文化含义。请同学们拿出资料袋，试着寻找答案。

资料袋：

太山泛指大山、高山，一般指东岳泰山。泰山以其雄伟壮丽、庄严伟岸的丰姿屹立于世界的东方，展示着千年古国的风采。一代又一代文人墨客借助泰山表达自己高远的志向，传达高尚的品德。

"流水"一般指黄河。黄河是中华民族的母亲河，是华夏文明的摇篮，是中华民族之根。九曲黄河，奔腾向前，诗人常常借助黄河抒发自己博大的胸怀、非凡的气度和自强不息的精神。

师：借助资料我们得知，伯牙鼓琴，钟子期听之，钟子期听到的仅仅是美妙的琴声吗？他还听出了什么？

生：还听出了伯牙和子期远大的志向和博大的胸怀。

师：看来，我们也都听懂了伯牙的琴声。

3. 体会知音，朗读悟情。

师：同学们，伯牙是上大夫，子期是樵夫，他们地位如此悬殊，可最终成为彼此的知音。从这个表格中我们可以看出，彼此成为知音和什么无关？但和什么有关？

身份	上大夫	樵夫
穿着	一身长袍、羽扇纶巾	青布包头、短布衫
国籍	晋国	楚国

生：彼此成为知音和身份、穿着、国籍都无关。

生：彼此成为知音和志向、胸怀有关。

师：现在让我们再来读一读这段话，读出伯牙与子期高远的志向和博大的胸怀。

生：（学生饱含深情地朗读）伯牙鼓琴，钟子期听之。方鼓而志在泰山，钟子期曰："善哉乎鼓琴，巍巍乎若泰山。"少选之间而志在流水，钟子期又曰："善哉乎鼓琴，汤汤乎若流水。"

板块四：拓展延伸，感叹"知音"

1. 资料链接，引出绝弦。

师：多么难忘的时光！然而，无奈世事难料，子期不幸染病身亡！（教师讲述伯牙与子期的故事：据传，伯牙与钟子期在一个风雨交加的夜晚，因琴声偶遇，一见如故，引为知音，两人约定一年后的八月十六再相见，可当伯牙风尘仆仆地赶来时，万万没想到的是，自己见到的竟是子期冰冷的墓碑。）

师：站在子期冰冷的墓碑前，伯牙做出了怎样的举动？

生：钟子期死，伯牙破琴绝弦，终身不复鼓琴，以为世无足复为鼓琴者。

师：同学们，你们知道伯牙摔碎的是一把怎样的琴吗？请阅读资料并用一个词语来形容。

（此琴叫瑶琴，是伏羲氏所造，取树中良材梧桐的中段做成。其树必高三丈三尺，截为三段，上段音太清，下段音太浊，只有中段，清浊相济，轻重相兼。后再把此木漫在水中七十二天，择吉日良时，凿成乐器。后来，周文王和周武王各添弦一根。因此，这琴又称文武七弦琴。）

生：珍贵。

生：价值连城。

师：伯牙视琴如命，可现在却将它摔碎了。可见，在伯牙的心中什么更重要？

生：友情更重要。

生：知音更重要。

2. 想象写话，感受悲痛。

师：此时此刻，伯牙站在子期冰凉的墓碑，又会说些什么呢？请你在作业纸上写一写。

生：伯牙痛苦子期死后，自己再也没有知音。

师：世人千千万，却无人懂我，这是多么的孤独。请你带着感受读一读。

生：钟子期死，伯牙破琴绝弦，终身不复鼓琴，以为世无足复为鼓琴者。

生：与其弹琴给那些不懂自己的人听，不如再也不弹了。

师：失去了唯一能听懂自己的心声的子期，难道还要弹给那些不懂自己的人听吗？你感受到了伯牙不再鼓琴的坚定决心。请你带着感受读一读。

生：钟子期死，伯牙破琴绝弦，终身不复鼓琴，以为世无足复为鼓琴者。

师：伯牙在破琴绝弦的同时也断绝了希望，断绝了对一切美好事物的追寻！只留下一片无边无际的寂寞、孤独，绝望和心灰意冷。当我们理解了伯牙此时的心情，一起再读读这句话——

生：（齐读）钟子期死，伯牙破琴绝弦，终身不复鼓琴，以为世无足复为鼓琴者。

3. 朗读积累，交流心得。

师：关于伯牙、钟子期两人成为知音的传说，很多古诗词常常提及。
（学生朗读）

> 钟期一见故，山水千秋闻。——孟浩然《示孟郊》
> 钟期久已没，世上无知音。——李白《月夜听卢子顺弹琴》
> 故人舍我归黄壤，流水高山心自知。——王安石《伯牙》

师：从唐代的孟浩然、李白到宋代的王安石，乃至现在我们仍在学习伯牙鼓琴的故事。我们不仅感动于伯牙和子期之间的友情，我们还在感叹着知音难觅。同学们，学了今天的课文，请你来说一说对"知音"的理解。

  生：有相同的兴趣、志向才是真正的知音。

  生：物质仅仅是外在的，精神上的契合才是最关键的。

  师：希望在座的你我都找到属于自己的人生知音。让我们伴着《高山流水》这首曲子，一同再来回味这感人至深的知音故事。（配乐，学生齐背课文）

四要——还古诗文教学本真

浙江省杭州市拱墅区教育研究院 特级教师　王自文

第一，古诗文教学要"因质定教"。古诗文文质兼美，这一特点就决定了我们首先要教语言文字的理解和积累。《伯牙鼓琴》课后练习题也十分清晰地要求学生能正确、流利地朗读课文，甚至还要背诵。其次，文学分析和鉴赏要不要教？个人认为这方面的学习要求可以稍微低一点。但第三层古诗文中的文化传统需不需要渗透？太需要了！陆老师这堂课聚焦"知音文化"并巧妙地以此作为教学的切入点，学生循序渐进地了解"知音故事"，感叹"知音文化"。

第二，古诗文教学要"因材定教"。教师在教学时首先就要关注教材编排的序列。《伯牙鼓琴》是统编语文六年级上册第七单元的课文，本单元语文要素是——借助语言文字展开想象，体会艺术之美。再则关注编者的意图，古诗文教学要讲究拾级而上。六年级的古诗文教法和三年级的《司马光》教法肯定有所区别。陆老师通过联系学生的学习经验，实时且适度地补充背景材料，有效落实语文要素，实现系统而教。

第三，古诗文教学要"激发兴趣"。让孩子能够在课堂上快乐地、欢喜地学习是古诗文教学的底线。本节课上，陆老师想方设法创设情境，营造氛围，不断激发学生的内驱力。从课前谈话到课堂尾声，陆老师始终带领学生沉浸于课堂氛围之中，"学了今天的课文，请你来说一说对'知音'的理解"此交流活动更是让学生实现从"得文"到"得人"的跨越，体验到古文学习之乐。

第四，古诗文教学要"揣摩意象"。《伯牙鼓琴》课后第二题要求学生在理解古文难句的基础上，再结合"资料袋"和同学交流感受。这对孩子来说就是一个学习难点，而陆老师通过师生合作读、想象读、配乐读等多种形式突破此难点。除此之外，陆老师在教学时还善于激活学生的想象思维。围绕"巍巍乎若太山""汤汤乎若流水"，通过小组合作、自主探究和视频欣赏的方式促使儿童将一个个抽象的模糊的事物在脑海中构建成一幅幅生动具体的画面。

第六辑

散文朗读教学

散文"形散神凝"，语言清新优美，意境深邃悠远，情感真挚深厚。在散文教学中，教师在"读"上多做研究，通过朗读让学生真切地感受到散文的结构美、语言美和意境美。

用朗读呵护散文教学

对于"散文"的概念，不同时代、不同学者有不同的定义。例如，《辞海》认为：中国六朝以来，为了区别韵文和骈文，把凡不押韵、不重排偶的散体文章（包括经传史书）统称"散文"。叶圣陶在《散文写作》中指出："除去小说、诗歌、戏剧之外，都是散文。"林非则在《林非论散文》一书中写道："散文是一种自由自在地表达情感与思想的文体。"在现代，散文的概念由广义向狭义转变，是指与小说、诗歌、戏剧相并列的一种文学体裁。本文中"散文"的概念，是指狭义的散文，即指用凝练、生动、优美的文学语言写成的叙事、记人、状物、写景的文章。

在统编语文教材中，散文类的课文占据了较大的比重，根据表达内容和表达方式的不同，可以分为四类：第一类叙事散文，主要以叙述事件为主要目的，字里行间抒发着作者浓厚的情感，有《桂花雨》《祖父的园子》《北京的春节》等课文。第二类写景状物类散文，这类文章大都在描写景、物时抒发情感。换言之，景、物不再是独立的个体，而是承载作者感情的艺术载体，使景、物出现主观化和情感化的变异，这类课文有《威尼斯的小艇》《牧场之国》《乡下人家》《珍珠鸟》等。第三类抒情散文，强调作者内心情感的抒发，语言洋溢着充沛的诗性，内容倾诉着美好的情愫，这类课文有《燕子》《找春天》等。第四类是议论说理散文，也就是借助人、事、景、物等向儿童阐述事理。曹海明在《文学解读导论》中写道："散文的艺术焦点在于作家开放的意识和心态，在于作家生命意志的亢奋和冲动，在于一种出于自我经验世界的真诚的情感契机，一种对生活与人生的深层感悟——或者是生活的'瞬间性'和由此在头脑中的令人沉思的'瞬间印象'，或者是对于各种世态人事的洞察和由此引起的心灵颤动。"如果说抒情散文、写景状物类散文是一种"亢奋和冲动"，那么议论说理散文则是一种对生活与人生的"深层感悟",是一种令人沉思的"瞬间印象"和对世态人事洞察后引起的心灵震颤。例如《落花生》《手指》等课文。

《义务教育语文课程标准(2011年版)》在各个年段都提出要"有感情地朗读",这是指要让学生在朗读中品味语言,体会作者及其作品中的情感态度,学习用恰当的语气语调朗读,表现自己对作者及其作品情感态度的理解。在散文教学中,叶圣陶先生认为:"美读是朗读的最高境界。所谓美读,就是把作者的感情在读的时候传达出来。美读得其法,要了解作者说些什么,一旦与作者的心灵相感通了,无论兴味方面或者受用方面,都有莫大的收获。""语文教师要引领学生把朗读看作是一种享受。一遍比一遍读来入调,一遍比一遍体会亲切。"散文具有形散神凝、语言清新优美、意境深邃悠远、情感真挚深厚等特点。因此,在散文教学中,教师应在"读"上多做研究,力求通过朗读让学生真切地感受到散文的结构美、语言美和意境美。

一、在朗读中梳理结构

形散神凝是散文的最大特点。"形散"是指作家选材内容、表达形式、文章结构不受严格的约束。泰戈尔曾说:"诗就像一条小河,格律就是小河的两岸,有了两岸的限制,小河才流得曲折,流得美。而散文就像涨大水时的沼泽,两岸被淹没了,一片散漫。"这个比喻形象生动地阐述了散文的表达形式和文章结构比较自由、随性的特征。"神凝"是从散文的立意方面而言,即散文要表达的主题必须是集中且明确的。"神"是散文的核心,是文章的主旨,是作者情感认知的体现。在教学过程中,教师应引导学生反复诵读,或聚焦文眼,或把握文脉,进行文章结构的梳理。

例如,统编语文三年级上册《大自然的声音》以优美清新的文字向读者介绍了大自然中风的声音、水的声音和动物的声音,正是这些独具特色的美妙声音构成了灵动的世界。全文共有四个自然段,以总分的形式叙述,结构严谨,行文清晰。第一自然段"大自然中有许多美妙的声音"总领全文,"美妙"一词奠定文章的感情基调。第二、三、四自然段均以总分的方式构段,用拟人、比喻等修辞手法描写风、水、动物的声音特点。

在教学伊始，笔者先让学生自由朗读课文，读完之后完成课后第2题：照样子，填一填课文写了大自然的哪些声音。思维导图起到了支架的作用，帮助学生理清文章结构，整体感知课文内容。

再比如，统编语文四年级上册《观潮》是一篇叙事散文，作者用细腻的笔触，清晰的行文，记录了一次观潮的盛况。课文总共五个自然段，先总后分，按照"潮来前—潮来时—潮来后"的顺序进行撰写。学生在初读之后，教师可以引导学生思考"课文是围绕哪一句话来写的""说说课文是按照什么顺序描写钱塘江大潮的"两个问题，明确课文第一自然段总领全文，是文章的中心句；接着，引导学生关注"这一天早上""江潮还没有来""午后一点左右""顿时人声鼎沸，有人告诉我们，潮来了！""潮头奔腾西去"等语句，梳理出课文的层次，发现作者是按照时间的顺序写这一次的观潮。

其实，选入统编教材的散文文章结构都比较清晰，段落分明，这对学生今后习作训练具有重要的指导意义。所以，在课堂上引导学生看清作者的思路，理清文章脉络，总体感知文章结构的特点是很有必要的。

二、在朗读中品味语言

散文素有美文之称。优美的散文不仅是学习谋篇布局、遣词造句的典范，更能让读者开阔视野，陶冶情操。朗读时，能给我们带来一种无与伦比的享受。因此在课堂上，教师要基于教材和学情从多个角度引导学生品鉴语言，寻找到最适切的突破口，在语言实践中有效地培养学生语感。

1. 聚焦新鲜感的字词，品其美

统编语文四年级下册第四单元围绕"作家笔下的动物"编排了老舍的《猫》《母鸡》和丰子恺的《白鹅》三篇状物类散文。在学习这一单元时，一方面要品味生动传神的语言，感受作家用词的妥帖，另一方面要体会字里行间作家对动物所流露的情感。例如丰子恺的《白鹅》一课，文章围绕白鹅的叫声、步态和吃相三个方面塑造了一只"高傲"的白鹅。丰子恺先生在描写时采用了大量的四字词语，例如：左顾右盼、厉声呵斥、引吭大叫、局促不安、大模大样、三眼一板、一丝不苟、从容不迫、扬长而去、空空如也、昂首大叫、不胜其烦等。这些词语风趣幽默，唯有在反复朗读中，我们才能感受到白鹅憨态可掬，率真质朴，以及作者对白鹅的喜爱。在教学过程中，可以从以下三个板块推进：第一板块，引导学生自由朗读课文，聚焦白鹅"高傲"的特点；第二板块，圈一圈表现白鹅高傲的四字词语，绘声绘色地朗读，读出兴味，感受作者对白鹅的喜爱之情；第三板块，体会正话反说的语言艺术。

再比如，统编语文三年级下册《火烧云》一课。作为自然景观的晚霞，到处都有，人人可见。然而，再也没有人能像萧红一样把火烧云写得如此奇丽，如此奇幻。一般情况下，我们会用比喻、拟人等修辞手法来展现事物颜色的特点，或者用"红色""墨绿""浅黄"等极其常见的词语。但是，萧红对火烧云色彩的描绘达到了炉火纯青的境界，产生了巨大的魅力。萧红不仅能大胆使用颜色词语，还巧妙地在词语形式上做文章。当我们把描写颜色的词语拎出来并仔细研究，会发现萧红运用了三类不同的词语形式。

第一类：红彤彤、金灿灿。作者以叠词的形式展现火烧云颜色的明亮与饱满，读起来富有节奏感。

第二类：半紫半黄、半灰半百合色。作者通过自由组合颜色来展现不同颜色杂糅在一起的特征。

第三类：葡萄灰、梨黄、茄子紫，作者用生活中常见的事物进行比拟，突出火烧云的色彩明媚。

教学时，为引导学生体会火烧云奇丽的颜色，感受词语的精妙，第一步，教师可以引导学生圈一圈描写火烧云颜色的词语；第二步，引导学生一边读一边想象，你仿佛都看到了怎样的画面；第三步，体会语言韵律之美，引导学生思考，这些都是描写火烧云颜色的词语，能像这样换位子吗？第四步，萧红说："还有些说也说不出来、见也没见过的颜色。"请学生展开想象，仿照课文的形式写几个表示颜色的词语。

2. 鉴赏独特的句式，悟其形

散文中除了有新鲜感的字词，其多姿的句式和形象而富有感染力的修辞，都为散文锦上添花。例如，统编语文五年级下册《手指》是丰子恺的一篇议论说理散文。教材编写者对《手指》原文进行了较大幅度改动，删除了日本艺术论者上田敏的艺术论和跨语句文本参照等语句，减去了大拇指比作农民、食指比作工人、中指比作官吏、无名指比作纨绔儿、小指比作弱者等特定时期的比喻内容。文章虽有删减，但无疑是成功的，课文即保留了鲜明独特的丰式幽默，还使文章结构更加完整，语句更加精炼，留足回味的空间。以课文第二自然段为例，为了表现在五指中大拇指是最肯吃苦的形象，作者使用了大量的排比句式："水要喷出来，叫他死力抵住；血要流出来，叫他拼命按住；重东西要翻倒去，叫他用劲扳住……"这些句子读起来朗朗上口，节奏感强，饶有韵味。朱自清先生称丰子恺散文弥漫着"橄榄味儿"；谷崎润一郎称丰子恺的文章散发着摸不透的"韵味儿"。不论是"橄榄味儿"，还是"韵味儿"，一切的味道都弥漫在这简洁、凝练的句式中。在教学过程中，教师不妨出示同样描写大拇指内容的文章，但不是采用排比的句式，引导学生对比朗读，体会不同句式带来不同的表达效果。

三、在朗读中走进意境

意境是散文的生命，它的格调往往关系着散文美学价值的高低。王国维在《人间词话》里写道："词以境界为最上，有境界，则自有高格，自有名句。"笔者认为，王国维谈的境界就是作者的思想感情和外观事物相互交融而创造的一种艺术天地。当读者进入艺术天地时，能够引起无限的情思与联想。现如今，散文里所说的意境实际上与王国维所阐述的境界基本相同。也就是说，意境是作者依照自己的审美品位，将主观深邃的立意、真挚的情感与客观景物、景象高度融合，实现情与境的统一。

要引导学生入境，教师先要入境。首先，教师要围绕"意象"对文本进行深入解读，将自身浸润于情境之中，体会字里行间作者情感的涌动，在产生共鸣的基础之上再将这种强烈的情感传递给学生，实现师生之间情感相融，师生与作者的情感相融。

《走月亮》是吴然代表作之一，原载于 1985 年第 10 期《儿童文学》杂志，现选入统编语文四年级上册第一单元。文章从课题开始就把读者带入了充满诗情画意的意境中——一轮从洱海那边升起的月亮，柔和、明亮的月光倾泻而下，点苍山、大青树、乡间小路都被月光笼罩着，整个世界一片祥和、安宁。"我"和阿妈在这样的夜色中散步，多么惬意，多么幸福！全文以"走"作为线索，写出了途中所遇见的风景和联想的画面。"我"和阿妈走到了溪水边——空气中弥漫着山草和野花的芬芳；月光下的小溪里，布满鹅卵石的河床映入眼帘。每一个小水塘都"抱"着一个小月亮。"我"和阿妈走到了田野边——秋天有着专属的季节味道，洱海边的果园飘来一阵阵果子的甜香；秋天有着独一无二的丰收喜悦，"稻花香里说丰年"，稻穗笑弯了腰，沉甸甸的谷子是百姓们一年辛勤劳作最好的馈赠。月光下，原本是金灿灿的稻田此刻也像是被镀亮的银毯。丰收的喜悦似乎也感染了秋天的小精灵们，虫儿们兴奋地歌唱；夜鸟们拍打着翅膀；鱼儿欢腾出水面，泛起闪闪银光。"我"和阿妈走过溪岸，走过石拱桥，走过果园，走过庄稼地和果园……一路上，阿妈给"我"讲关于月亮的故事，也给"我"讲传说。

如此优美的文字，如此唯美的意境，不断在我们的心间荡漾开去。在教学过程中，教师要注重以读悟情，以情促读，让学生在朗读时放慢语速，调动多重感官，让自己沉浸于夜色中，一字一句细细品读，一行一行慢慢想象，感受文中的美景和浓浓的亲情。另外，还可以适当进行师生配乐朗读，让学生始终在美好的意境中徜徉。《文心雕龙》有云："昔诗人什篇，为情而造文。""情"是散文生命的第一要素。课堂上若是缺乏朗读，学生就无法走进作者的情感世界，无法和作者产生心灵的对话。

课堂上，我和学生一起读，读散文里的风景；我和学生一起品，品散文里的芬芳。朗读正是走进散文，品味语言，体悟情感的一条有效途径。朗读，往往创造出美好的境界。

聆听美妙的声音　品味生动的语言

——三上《大自然的声音》教学（第1课时）

【教学目标】

1. 会读"奏""击"等6个生字，能正确读写"美妙""演奏"等词语，读准多音字"呢"。

2. 能联系生活经验，体会课文中"呢喃细语""轻轻柔柔""充满力量"等描写声音词语的生动。

3. 通过多种形式的朗读，采用词语填空、作业练习等形式，能背诵课文第二自然段。

【教学过程】

板块一：歌曲导入，揭示课题

1. 歌曲导入：媒体播放《森林狂想曲》，引导学生用心倾听，用心感受。同学们，刚刚你们都听得特别投入，能不能说一说你都听到了哪些声音？（学生相互交流，指名分享。）

2. 关注单元篇章页，揭示课题并板书。

激趣：在教师看来，同学们都有一双善于倾听的耳朵，大自然赐给我们许多珍贵的礼物，许多美妙的声音就是其中之一，今天我们一起走进第七单元（出示篇章页），一起感受课文中生动的语言，并学会积累；还要试着观察生活中的点点滴滴，把自己的想法记录下来。现在就让我们一起走进课文（出示课题），一起聆听大自然的声音。（学生齐读课题）

板块二：预习反馈，整体感知

1. 课前预习反馈，重点字词点拨。

导入：课前同学们都已经预习课文并完成了预习单，根据同学们的反馈，最难读的是这些红色的词语。

课件出示词语：

淙淙　潺潺　呢喃细语　汹涌澎湃　波澜壮阔　叽叽喳喳

（1）随机邀请小老师讲解难读的原因，教师相机补充。

（"淙淙"要注意读音是翘舌音和后鼻音；"呢"是多音字，在这里读ní；"潺潺"笔画较多，读音是翘舌音；"汹涌澎湃、波澜壮阔"比较陌生；"叽叽喳喳"，要注意"渣"的读音是翘舌音。）

（2）小老师带读，全班齐读。

2. 过渡：接下来正式开启大自然的音乐之旅。请同学们打开课本，自由朗读课文，读完之后完成课后第2题：照样子，填一填课文写了大自然的哪些声音。

（1）学生自由朗读课文，完成课后题并交流反馈。

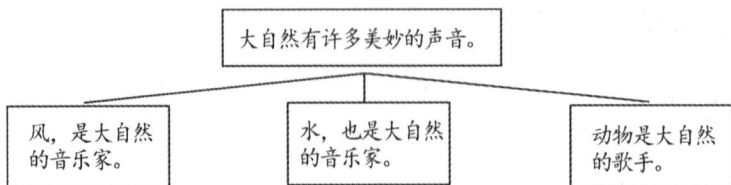

（2）引导学生观察图表，说说自己的发现。提示：引导学生发现课文是围绕第一自然段"大自然有许多美妙的声音"这句话来写的。

板块三：入情入境，朗读积累

过渡：同学们你们听，此时此刻风歌手正在森林里演奏它的手风琴呢！（课件播放手风琴的音乐。）

1. 教师示范朗读第二自然段，学生一边听一边圈一圈听到了哪些声音。

预设一：轻轻柔柔的呢喃细语。

（1）媒体出示句子：当微风拂过，那声音轻轻柔柔的，好像呢喃细语，让人感受到大自然的温柔；

（2）师生合作表演，理解"呢喃细语"的意思。

（3）联系生活，展开想象，你在哪里还听到过"轻轻柔柔的呢喃细语"般的声音？（例如：当朋友伤心难过，安慰朋友的话语；妹妹准备睡觉的时候，妈妈唱的摇篮曲；同学之间说的悄悄话等。）

（4）学生全班交流，并带着感受朗读句子。

预设二："充满力量的声音""雄伟的乐曲"。

（1）媒体出示句子：当狂风吹起，整座森林都激动起来，合奏出一首雄伟的乐曲，那声音充满力量，令人感受到大自然的威力。

（2）联系生活，展开想象，你在生活中什么时候也听到过这样的声音？学生相互交流，全班分享。（例如：每当升国旗的时候，听到雄壮的国歌声；听激情澎湃的交响乐的时候等。）

（3）指名朗读，相机评价。

（4）全班齐读，读出风声激昂的旋律。

2. 媒体播放两段音乐，选择合适的风进行配乐。同学们，老师这里有两段音乐，我们一起来听一听，听完选一选哪一段音乐配温柔的微风，哪一段配雄伟的狂风。

（1）听音乐，学生讨论交流。

（2）自己跟着音乐读一读，男女生合作跟随配乐朗读。

3. 激趣：如此美妙多变的乐曲，如果让它转瞬即逝了，实在是太可惜了。假如能背下来，那就能成为我们生命中永恒的旋律。请同学们自己试着填一填。

媒体出示：

当微风拂过，那声音（　　）的，好像（　　），让人感受到大自然的温柔；当狂风吹起，整座森林都激动起来，合奏出一首（　　），那声音（　　），令人感受到大自然的威力。

（1）随机邀请学生完成填空。

（2）引导学生关注填空中的词语，说一说你都发现了什么？（预设：都是描写声音的词语。）

4. 引导背诵。作者在写作时运用了这些描写声音的词语，使大自然的声音变得形象可感，既贴切地表现了不同风声的特点，又让风声有了感情和个性。现在挑战升级，请同学们自己再试着填一填，读一读，背一背。

媒体出示：当微风拂过，＿＿＿＿＿＿（轻轻柔柔）的，好像（呢喃细语），＿＿＿＿＿＿；当狂风吹起，＿＿＿＿＿＿，＿＿＿＿＿＿（雄伟的乐曲），那声音（充满力量），＿＿＿＿＿＿。

（1）随机邀请学生背诵接龙。

（2）全班齐背诵。

5. 思考：不一样的风吹过，会奏响不一样的音乐。当风歌手吹向不一样的树叶，又会有怎样的声音呢？不一样的季节，又会有怎样的音乐呢？请同学们展开想象，四人小组交流交流。

课件出示句子：不一样的树叶，有不一样的声音；不一样的季节，有不一样的音乐。

（1）学生四人小组自由讨论，自由交流。

（2）随机指名汇报交流，其他同学补充。

板块四：指导书写，拓展练写

1. 课件出示语境：

大自然有许多美妙的声音！你听，风琴家将（演）奏最新单曲，一定会让整座森林（激）动起来；水乐师玩转小雨（滴）；虫鸣鸟雀乐队带您体验小清新。我们一起歌唱，一起快乐。

（1）指导观察"演""激""滴"三个字的书写，学生分享自己的思考。

（2）教师提示手写要领并范写，学生书写。

（3）学生书写，教师巡视。

2. 阅读课文片段，完成练习，全班交流反馈。

风，是大自然的音乐家，他会在森林里演奏他的手风琴。当他翻动树叶，树叶便像歌手一样，唱出各种不同的歌曲。不一样的树叶，有不一样的声音；不一样的季节，有不一样的音乐。当微风拂过，那声音（　　），好像呢喃细语，让人感受到（　　）；当狂风吹起，整座森林都（　　），（　　）出一首雄伟的（　　），那声音充满力量，令人感受到大自然的威力。

（1）片段中的哪句话有助于理解整段话的意思？用"＿＿＿＿"画出来。

（2）完成片段填空。

（3）根据内容，发挥想象写一写。你听到哪些"美妙的声音"？试着写几句话和同学交流，如，"鸟儿是大自然的歌手……""厨房是一个音乐厅……"。

3. 总结：同学们，这节课我们一起走进了风歌手的音乐世界，一起聆听了大自然美妙的声音，感受到了大自然的声音是如此与众不同。第三和第四自然段作者介绍了水音乐家和动物歌手，课文又是抓住哪些词语来写出声音的美妙呢？课后请同学们自由朗读第三、四自然段，并圈出描写声音的词语。

想象画面　品味语言　仿照表达
——四上《走月亮》教学

【教学目标】

1. 认识"鹅""卵"等8个生字，会写"淘""牵"等15个字，能正确读写"柔和""鹅卵石"等14个词语。

2. 正确、流利、有感情地朗读课文，背诵课文第四自然段。

3. 边读边想象文中描写的画面，并和同学交流印象最深刻的画面。积累优美生动的句子。

4. 仿照课文第六自然段，写一写自己经历过的某个月下情景。

【教学过程】

板块一：资料导入，激发"走"的兴趣

1. 导入新课。

（1）出示资料，了解"走月亮"文化。

《浮生六记》书中记载："吴俗，妇女是晚不拘大家小户皆出，结队而游，名曰'走月亮'。"

《岁华忆语》中有："是夜，家人团坐聚饮，曰圆月；出游街市，曰走月。"等语。

《清嘉录》记载得比较详细："妇女盛妆出游，互相往还，或随喜尼庵，鸡声喔喔，犹婆娑月下，谓之'走月亮'。"

（2）初步了解创作背景：这篇《走月亮》，作者仅仅是借用了"走月亮"三个字，虽以苍山洱海为背景，但并不是描写民俗风情。

2. 教师板书课题，学生读好课题。同学们课前已经预习了课文，你觉得该怎样来朗读课题？预设：带着欣喜、愉悦的感受。

【设计意图：于漪老师说："在教学中，首先要抓住课文的导入，第一锤就应敲在学生的心灵上，像磁石一样把学生牢牢吸引住。"从介绍"走月亮"的历史文化和创作背景导入新课，激发学生的阅读期待。同时，读好课题为"边读边想象画面，感受自然之美"奠定初步的情感基础。】

板块二：初读课文，理清"走"的路线

1. 学生自读课文，出示学习要求：

（1）读准字音，读通句子。

（2）边读边思考："我"和阿妈走月亮经过了哪些地方？

2. 预习反馈，重点字词点拨。教师引导学生重点识记"鹅卵石""泼刺""田埂""闪闪烁烁"等字词，注意"穗"和"惠"的字音辨析。

3. 梳理文脉：默读课文，圈一圈"我"和阿妈走月亮经过的地方。师生交流，教师相机板书：溪边、村道、果园、稻田。

4. 交流：你最想跟着作者走到哪儿欣赏美景？

【设计意图：课前预习是培养学生自主学习能力的手段之一，也是提

160

高课堂教学效率的重要举措。初读环节，在学生自主预习的基础上做了两件事：一是检测、点拨重点字词的读音；二是遵循阅读的一般规律，引导学生初步把握课文的主要内容，理清文章的结构，为深层、立体感悟做好铺垫。】

板块三：想读结合，探寻"溪岸"的美景

1. 教师引读：这时候，阿妈喜欢牵着我，在洒满月光的小路上走着，走着……啊，我和阿妈走月亮！学生接读第四自然段。同学们，读着读着，你仿佛都看到了哪些画面？请用横线画一画。

2. 交流反馈，品味赏析。

预设一：细细的溪水，流着山草和野花的香味，流着月光。

（1）交流：你仿佛都看到了什么？听到了什么？闻到了什么？

（2）展开想象：细细的溪水，还会流着什么呢？

（3）指导学生朗读。

预设二：灰白色的鹅卵石布满河床。哟，卵石间有多少可爱的小水塘啊，每个小水塘都抱着一个月亮！

（1）出示语段，引导学生和原文对比并发现不同：灰白色的鹅卵石布满河床。哟，卵石间有多少可爱的小水塘啊，每个小水塘都映着一个月亮！（预设："抱"改成了"映"）

（2）思考：你更喜欢哪一个字并阐述原因。指名学生交流，教师点拨：一个个小水塘俨然成为一位位可爱的小精灵，他们抱着月亮，俏皮可爱。这温馨的画面，不禁让人想起母亲温暖的怀抱。

（3）指导学生带着温暖、陶醉的感受朗读。

预设三：哦，阿妈，白天你在溪里洗衣裳，而我，用树叶做小船，运载许多新鲜的花瓣……哦，阿妈，我们到溪边去吧，去看看小水塘，看看水塘里的月亮，看看我采过野花的地方。

（1）圈一圈"我"和阿妈在小溪边做了什么？学生反馈。

（2）联系生活展开想象，"我"和阿妈在小溪边还会做些什么呢？师生交流。

3. 配乐朗读，背诵积累。

（1）播放视频，配乐朗读。

（2）出示填空，借助关键词背诵积累。

细细的溪水，流着（　　）和（　　），流着（　　）。灰白色的（　　）布满河床。哟，卵石间有多少可爱的小水塘啊，每个小水塘都（　　）一个月亮！哦，阿妈，白天你在溪里（　　），而我，用树叶（　　），运载许多（　　）……哦，阿妈，我们到溪边去吧，去看看小水塘，看看水塘里的（　　），看看我采过（　　）。

4. 溪边的画面如此温馨，如此温情，请同学们给第四自然段取一个名字。预设：月下溪岸图。

5. 学法小结：我们按照"想象画面—品味赏析—朗读积累—画面取名"四个步骤来学习第四自然段，感受着月光下溪岸的美好。

【设计意图："边读边想象画面，感受自然之美"是本单元的语文要素。在教学时，笔者通过搭建多种学习支架，调动学生多重感官，去想象所描写的画面、声音和味道。以多种形式的朗读为依托，环环相扣，由浅入深，一步一步引导学生深入文本，丰盈学生的情感体验，积累优美的语言文字，落实课后练习第一题的要求。最后，通过学法小结教给学生学习语文的方法。】

板块四：合作学习，探寻其他美景

1. 出示学习活动：按照以上四个学习步骤，小组合作学习第六、第八自然段。

2. 交流反馈。

（1）学生展开想象，相互交流看到了什么，听到了什么，闻到了什么。

（2）学生抓住有新鲜感和画面感的句子进行品味赏析，教师相机点拨。

（3）有感情地朗读课文。

（4）给画面取名。预设：月映田野图、月亮牵星图。

3. 作者发出感叹，出示语句：多么奇妙的夜晚，我和阿妈走月亮！

教师引读：（1）秋天的夜晚，月亮升起来了，从洱海那边升起来了。

这真是——（学生接读）多么奇妙的夜晚，我和阿妈走月亮！

（2）月盘是那样明亮，月光是那样柔和，这真是——（学生接读）多么奇妙的夜晚，我和阿妈走月亮！

（3）照亮了高高的点苍山，照亮了寸头的大青树，这真是——（学生接读）多么奇妙的夜晚，我和阿妈走月亮！

（4）照亮了，也照亮了村间的大道和小路，这真是——（学生接读）多么奇妙的夜晚，我和阿妈走月亮！

【设计意图：《语文课程标准》提出学生是学习的主体，语文学习要积极倡导自主、合作、探究的学习方式。探寻"溪岸"的美景主要由教师引导，给予学习方法的渗透，第六、第八自然段的学习由学生合作完成，实现由扶到放的教学理念。最后，通过师生合作朗读，营造诗情画意的氛围，再次让学生感受月夜美景和浓浓的亲情。】

板块五：品味诗情，仿照表达

1. 出示文本：走过月光闪闪的溪岸，走过石拱桥，走过月影团团的果园，走过庄稼和菜地……

（1）思考："我"为什么如此喜欢和阿妈走月亮？

（2）出示吴然语录："童年时代的一切，烙印在我的人格气质上，也像影子一样浸润在我的创作中。""童年的影子伴随着我，怀念的欢乐中有无言的忧伤。""大自然的宏富与伟丽，云南边地独具特色的山水人情，给我以不可抗拒的诱惑，由衷的欢喜。"

（3）学生交流。教师点拨：这篇《走月亮》仅仅是借用了"走月亮"三个字，以此抒发对母亲深切的怀念和对童年美好生活的留恋。

2. 仿照表达，师生共评。

（1）回忆自己月下的某个情境，想一想在哪里见到的月亮？和谁在一起？一起做了哪些事？指名交流。

（2）即兴小练笔：朗读课文第六自然段，调动多重感官，尝试从不同的角度写一写自己在月下的所见、所思。

（3）全班交流，师生共评。

【设计意图：通过问题"我为什么如此喜欢和阿妈走月亮？"助推学生

高阶思维的发生，提升学生的阅读品味。文章不仅用温暖的语言描绘了月光下散步的种种场景，更是抒发作者对母亲的深切怀念和对童年美好生活的留恋。最后，通过"小练笔"给学生创建实践语言文字的机会，这样"时常练习写作，写得多了写得久了，自然也就会巧起来，好起来"。】

资料建构语境　还原鲁迅本真

——特级教师闫学《我的伯父鲁迅先生》课例赏析

"借助相关资料，理解课文主要内容"是统编语文六年级上册第八单元指向阅读的语文要素，这是对"根据需要收集资料""结合资料，体会课文表达的思想感情"等能力的延续和递进。在教学中，引导学生如何借助资料，理解课文主要内容，一步一步走进鲁迅先生的精神世界。近日，笔者聆听了特级教师闫学老师执教的《我的伯父鲁迅先生》一课，获益匪浅。

《我的伯父鲁迅先生》是周晔女士在鲁迅逝世九周年时所写的纪念性文章，现选入统编语文六年级上册第八单元。文章以亲人的视角，通过"谈读书""谈碰壁""救助车夫""关心女佣"等印象深刻的事件，刻画了一个爱憎分明、热爱劳动人民、敢于和反动势力做斗争的崇高形象。全文脉络清晰，在叙述过程中始终贯穿"伯父就是这样一个人，他为自己想得少，为别人想得多"这一主题，字里行间流露着作者对伯父鲁迅的深切怀念与敬仰之情。

钱梦龙老师曾指出：解读文本是一件最能显示语文教师"功力"的活儿。从某种意义上说，一篇课文教什么、怎么教、是否教到点子上、能否让学生真正受益，在很大程度上取决于教师解读文本的功力。闫老师紧扣本单元语文要素，将本课的解读定位于"在鲁迅文化的语境中教鲁迅"，通过设计"不能不说鲁迅""周晔眼中的鲁迅""别人眼中的鲁迅""鲁迅留下的"等教学板块，即通过深入地研读文本，借助相关资料的链接，把学生带到鲁迅文化的语境中去，在学生面前打开了一扇认识鲁迅的窗口。

一、丰富多元的资料，引用恰到好处

鲁迅所生活的时代与现在学生相隔久远，在教学时可以借助哪些相关资料？有了相关资料，该如何设计教学活动来帮助学生理解课文内容？怎样将资料在教学中恰到好处地使用？在教学本单元时，很多教师都会产生诸如此类的问题。纵观闫老师的课堂，闫老师不仅适时引入多种资料，帮助学生的理解，还借助资料为学生的精神生命抹上一笔温暖的色彩。

例如，在第一板块"不能不说鲁迅"教学中，闫老师通过与学生对话，交流课前对鲁迅的了解，相机出示"鲁迅是我国伟大的文学家、思想家、革命家"等资料，引导学生对鲁迅有初步的感知。在第三板块"人们眼中的鲁迅"教学时，闫老师提出："跟随周晔的记忆走进与伯父在一起的日子，看看周晔眼中的鲁迅是个怎样的人？你最想谈哪件事？"第一位学生交流的是第二件事，谈"碰壁"。在师生互动过程中，闫老师相机出示鲁迅写的《"碰壁"之后》《"碰壁"之余》等文章片段，帮助学生理解这里的"碰壁"原来是指在旧社会，鲁迅经常受到封建势力的束缚时，他撰写的文章被禁止发表，多次面临被暗杀的危险，在生活中可谓是处处"碰壁"。在交流别人眼中的鲁迅又是怎样时，闫老师引入萧红撰写的《回忆鲁迅先生》片段，通过种种生活细节的描写，帮助学生了解更多不为人知的故事。在教学第一自然段回忆鲁迅去世场景时，闫老师引入巴金《永远不能忘记的事情》片段，真实地还原当时鲁迅先生去世时万人悲痛的场面。在第四板块"鲁迅留下的"教学时，闫老师同样引入了大量资料，有臧克家写的《有的人》《亚洲周刊》评选材料、《影响中国历史的100人》《欣慰的纪念》《人间鲁迅》《鲁迅的最后十年》等。

"借助资料"是路径，"理解内容"是目的。在教学中，闫老师主要借助"生平史料""回忆鲁迅作品""作家文本解读"等不同类别的资料来拓展学习的深度和广度，使学生对鲁迅形象的把握既有理性思考，又有感性认识。与此同时，闫老师引入的资料和教材文本的学习相得益彰，整堂课厚重、大气，令人回味无穷。

二、取舍有度的设计，分析鞭辟入里

在当今时代背景下，我们该如何"教鲁迅"，又该如何带领学生在有限的一堂课时间里跨越时空，去感知鲁迅的多面呢？细细回味闫老师的课堂，我们可以发现闫学老师在教学时的巧妙取舍。

作为一篇略读课文，学习提示明确了本课教学的重点：用较快的速度默读课文，想想课文写了关于鲁迅的哪几件事，给每件事加一个标题。再结合资料和同学交流课文中的鲁迅给你留下了怎样的印象。在和学生交流、解读"谈读书""谈碰壁""救助车夫""关心女佣"等事情中，闫老师恰到好处地截取了每件事的一个横截面，通过一个个横截面建构起鲁迅多面的形象。例如，在教学"谈读书"事件时，面对周晔读书时的囫囵吞枣和张冠李戴，闫老师引导学生讨论这是怎样的批评？有学生说是委婉的批评，有学生还说这是伯父用风趣的语言教育"我"读书不能马马虎虎。别小瞧闫老师提的这个问题，实则犹如支点一般撬起了学生对鲁迅形象的把握，在相互探讨中，一个风趣幽默、教子有方的鲁迅形象在学生脑海中逐渐清晰明朗。接着，闫老师继续引导学生去关注文本，寻找文中打动人心的细节。"那时候拉黄包车的是受人鄙视的，是迫不得已，情况肯定十分迫切。鲁迅先生认为他们也是人，所以他非常关心这些穷人。""鲁迅眼中的黄包车车夫和他在人格上是平等的。无论干什么职业，人与人之间在人格上是平等的。"这些都是学生在自主品读"救助车夫"故事之后所交流的阅读体会，又凸显出了鲁迅形象的另一面。

鲁迅先生的儿子周海婴曾写道："我们的目的就是希望鲁迅能够真实地活在 21 世纪青年人的心中，让他活得更好，活得更有意义，更能促进中国社会朝向健康文明的方向发展。假如鲁迅作为一个时代的符号有理由、有必要走下去的话，则必须给青年一个有血有肉的鲁迅。生活中的鲁迅其实是个爱开玩笑、非常幽默和蔼的人。"的确，闫老师整堂课取舍有度，在一件件事情中截取一个个横截面，基于"鲁迅文化"的语境下，真真切切向学生还原一位本真的鲁迅。

三、高阶思维的碰撞，朗读顺势而为

高阶思维是指在课堂上，教师用高阶问题助推学生思维的发生，从浅层阅读走向深度阅读，让学习真实发生。闫老师在《上一节高阶阅读课》中写道："我一直追求的是在课堂上将学生的思维不断引向高处，像攀登

一节又一节的阶梯。我希望能帮助学生在向上攀爬的过程中，体验到思维深处的泉源喷涌，感受到不断到达新高度的欢喜。"在这堂课的教学中，闫老师抓住文本核心要素展开教学，以高质量的问题驱动学习，不断激活学生思维，在多重回环朗读中提升学生的阅读品味。

1936年10月19日，鲁迅病逝于上海，一颗伟大的心脏停止了跳动。巴金用《永远不能忘记的事情》一文真实地记录了当时前来吊唁和送行的场景。闫老师将这段材料引入课堂，并向学生提问："在前来参加追悼会的人群中，你最关注谁？"有学生提到是一群小学生，有的提到杂志社的工友，还有的学生提到两个穿和服的太太。就在这时，闫老师继续追问："同学们，前来送葬的人群之中也许就有阿三。面对着先生的遗体，她情不自禁地想起来什么？也许前来吊唁的人当中还有那位曾经被伯父救过的车夫，面对着先生的遗体，他也情不自禁地想起了什么？当幼小的周晔呆呆地望着来来往往吊唁的人，她也不由得想到了什么？"学生的情感再一次得到迸发，纷纷提笔写下一段段动人的文字。学生思维力的提升，需要学生在真问题中调动文本与认知的碰撞，才能使学习真正发生。

"他的遗体躺在万国殡仪馆的礼堂里，许多人都来追悼他……各色各样的人都有。"闫老师带领学生四次回环朗读这段话，每一处的朗读都是在学生情绪高涨之下的顺势而为，每次的朗读都使学生不断走进万人悲痛的场面，不断让悲痛冲荡于学生的心间，从而使学生对鲁迅的爱戴、崇敬、怀念之情融于字里行间。这样的朗读教学没有矫揉造作，没有太多技巧的指导，有的只是师生之间水到渠成的情动辞发。

经典文本的阅读和鉴赏往往不拘于一个维度。在课堂的最后，闫老师提出："鲁迅先生离开我们已经七十年了，一个伟大的身影离我们越去越远，但留给我们的却又太多太多，鲁迅先生留给我们什么呢？"有学生讲到："他给我们留下了宝贵的精神财富！"还有学生讲到："鲁迅先生给我们留下了作品，留下了他的心灵，还有未完的心愿。"显然，学生对鲁迅的认识不止于认识层面，而是上升到鲁迅精神的境界。从课堂的开始到落幕，闫老师不断带领学生多维度地发掘、理解、鉴赏、生发，高阶思维与深情朗读俨然成为课堂上的一道道风景。

统编教材六年级上册第八单元的学习不是终点，而是认识鲁迅的起点。"通过深入地研读文本，通过相关资料的链接，把孩子们带到鲁迅文化的语境中去，为他们今后认识鲁迅指出一些途径"，是每一位语文教师教学本单元的使命，闫学老师执教的《我的伯父鲁迅先生》无疑给一线语文教师提供了范例。

第七辑

说明文朗读教学

笔者认为，进入语文教材的"说明文"，毫无疑问其姓"语"，就要用语文的方式来教学，朗读在说明文教学中同样适用。在"悦读""研读""拓读"中，学生不仅理智地了解，而且亲身地体会，不知不觉之间，内容与理法已经内化。朗读，为说明文的教学增光添彩！

读出说明文的语文味

什么是说明文？《语文课程标准（2011 年版）解读》中有这样的概述：说明性文章是最基本的实用性文章之一，是在向人们传达关于自然、社会和日常生活的知识的文章。它通过对实体事物的解说或对抽象道理的阐释，使人们对事物的形态、构造、性质、种类、成因、功能、关系或对事理的概念、特点、来源、演变、异同等有所认识，从而获得有关的知识。说明文的主要特点在于"说"字，根据说明对象与说明目的的不同，可以把说明文分为事物说明文和说理说明文；还可以根据语言的不同特色，分为平实性的说明文和生动性说明文，生动性说明文也称为文艺性说明文。

说明文是一种实用性文体，学生通过学习说明文主要能了解自然、社会等日常生活中的科学知识，丰富课外知识，增长见识，激发探究科学的兴趣和热情；其文章结构完整，条理清晰，可以培养学生概括、推论、理解、生发等高阶思维；最后，其语言表达注重准确性、严密性和科学性，学生通过学习进行语言文字训练，有助于提升语文能力。尽管《义务教育语文课程标准（2011 年版）》只在第三学段提出要求"阅读说明性文章，能抓住要点，了解文章的基本说明方法"，但在统编语文教材中，说明文在第一、二、三学段均有编排，总共有 13 篇，笔者对其进行了梳理和解读。

第一学段的说明文，多数以童话、故事、诗歌的形式进行表达，严格来说，它们并不能称为说明文，只能说是"说明性文章"。这些文章通过小故事的形式将一些科学知识、自然现象生动活泼地介绍给学生，激发学生对世界的好奇和想象，仔细阅读，也会发现言语表达中也有说明的成分。例如，《荷叶圆圆》《要下雨了》《植物妈妈有办法》《雾在哪里》《雪孩子》《雷雨》等。还有一些文章则渗透了对事物的形状、特点、成因等介绍，在言语表达中也渗透着说明方法。例如，《黄山奇石》《日月潭》《葡萄沟》等。但是，低段的教学以识字为主，加上文章多以童话的形式呈现，因此无须多关注"说明"方面的知识。

第二学段的说明文，不仅在数量上有所增加，其说明文的特征更加明显。例如，统编语文四年级上册第三单元的语文要素为"体会文章准确生动的表达，感受作者连续细致的观察"，教材编排了《爬山虎的脚》《蟋蟀的住宅》等课文，学生第一次以单元整组的形式近距离间接地接触说明文，聚焦学习说明文最显著的言语特色和有序表达。虽然不同的课文承担着落实不同语文要素的任务，但这一学段的一系列课文，如《纸的发明》《赵州桥》《花钟》《蜜蜂》《爬山虎的脚》《蟋蟀的住宅》《蝙蝠和雷达》《飞向蓝天的恐龙》《纳米技术就在我们身边》等都为后续高段说明文的学习奠定基础。

在第三学段的统编语文五年级上册第五单元，教材首次明确提出"阅读简单的说明性文章，了解基本的说明方法"，这是学生直接和说明文面对面。在本单元，教材编写者编排了经典作品《太阳》《松鼠》以及习作例文《鲸》《风向袋的制作》，这几篇课文语言考究，表义精准，是说明文学习的绝佳材料。这一单元是习作单元，教材编写者还要求学生能"搜集资料，用恰当的方法，把某一种事物介绍清楚"。可见，通过系统的学习，最终要求学生在习作中能自如、妥帖地活用说明方法。

当下，很多一线教师将说明文的教学模式化，缺乏新意和创新，走向乏味；再者很多教学仅仅把说明文的学习作为课文知识读物，脱离了语文教学本位。通过上述的梳理和总结，可以理清在小学不同阶段说明文的教学定位和目标达成。虽然说明文的语言决定了其朗读不像童话、寓言故事那么有趣，不像散文那么优美，不像古诗词那么有节奏。但笔者认为，进入语文教材的"说明文"，毫无疑问其姓"语"，就要用语文的方式来教学，朗读同样在说明文教学中适用。下面，笔者和大家探讨朗读在说明文教学中的设计和运用。

一、"悦读"中激活语文趣味

古语有云："教人未见意趣，必不乐学。"学习兴趣，是一种积极地、愉快地探究事物的认识倾向，是一种最直接的学习动机。小学阶段的学生处于活泼好动的年龄，特别是低段的孩子注意力维持时间不长，自制力较差，容易对学习产生厌倦情绪。因此，在学习的过程中，教师更要精心设计教学内容，增强学习的趣味性，采取恰当的方法拨动学生的心弦，不断点燃学生学习兴趣的诱发点，化兴趣为乐趣，做到"以学为乐"，享受学习的愉悦。特级教师赵志祥老师在执教《鲸》时候，为了引导学生感受鲸之大，读出鲸之大，他是这样开展朗读教学的。

师：这么大的一头鲸，如果让我们去给别人宣传这头鲸，咱们能不能把它宣传得很大？

生：能！

……

师：声音是没刚才洪亮，但是鲸是长高了，估计有18万公斤重！为什么还没达到20万甚至30万呢？很多同学（教师模仿读"有十万公斤重""有十几头大肥猪那么重"），语气、嘴变化了，表情变化不够，脸上的表情太凝重了。表情是一种体态语言，很重要。回去后多对着镜子练一练吧。（笑声）

生：我大胆地提议，请赵老师读一遍好不好？（笑声、掌声）

师：行，有一条，我读完，你读！（众大笑）

生：我推荐我班×××。

师：你已经读得非常好！不过你还没有完全放开，对自己不自信。孩子们，尤其是我们班的男子汉、帅哥们，（学生大笑）最重要的一条就是要相信自己。你跟我读"一条舌头就有十几头大肥猪那么重"。（学生读：一条舌头就有十几头大肥猪那么重）"十几头大肥猪"，说！（学生读：十几头大肥猪）强调"十几头"，读！（学生读："十几头"）全班读：十几头大肥猪。

师：对！"一条舌头就有十几头大肥猪那么重"，读到"十几头"全班同学都要把眉毛挑起来，看我。（教师示范）

生：（全班读）"一条舌头就有十几头大肥猪那么重"。（众笑）

在赵老师的带领下，通过情境的创设，由问题"如果让我们去给别人宣传这头鲸，咱们能不能把它宣传得很大"瞬间点燃学生的学习热情，通过师生合作读，情境朗读，使得原本枯燥无味的说明文语言变得生趣盎然，有声有色。这样的朗读教学既风趣又有效，学生不仅了解了说明方法，还在潜移默化之中感受到使用说明方法生成的效果。此外，在教学过程中，教师还可以举行推荐会、分享会、创意写绘等学生喜闻乐见的活动，拉近学生和文本之间的距离。赵老师在课的尾声还举办"巨鲸演讲团"，引导学生抓住鲸鱼的特点制作一张名片或者撰写一段自述，在具体语境中通过语言实践，促进学生将所学进行消化，达到实践运用说明性语言的目的。

二、"研读"中品尝语文味道

不同的说明文虽然内容会有所差异，但教材中选编的说明文都有共性：语言精准妥帖，说明方法恰到好处，文章结构清晰。这些初步的共性特点有利于学生对说明文文体风格的整体把握。

1. 领会言语表达的妥帖性

笔者以统编语文三年级下册《蜜蜂》一课为例，课文第二自然段这样描述："二十只左右被闷了好久的蜜蜂向四处飞散，好像在寻找回家的方向。"试问这一句话中的"左右""好像"能删除吗？显然是不能的。"左右"是大概的意思，并不能准确地知道到底有多少只；"好像"是作者的一种推测，如果删去了则认定就在寻找回家的方向，这样的表述无疑缺乏科学性。因此，教师要善于引导学生关注这些词语，特别是说明文中使用的术语和修饰限定性的词语。在课堂上，教师不妨引导学生通过比较朗读来感受语言的精准、恰切。再比如，在执教统编语文五年级上册《太阳》一课时，第一自然段"有这么一个传说，古时候，天上有十个太阳，晒得地面寸草不生。……这么远，箭哪能射得到呢?"笔者在朗读时，故意将"约""差不多"遗漏，引导学生进行评议。

师：老师在朗读的时候，细心的同学你有什么发现?

生：老师把"约""差不多"两个词省略了。

师：这两个词语能省略了吗? 为什么?

生：当然不能省略。"约"是大概的意思，也就是太阳和我们的距离大概有一亿五千万千米远，如果省略了，则说明太阳和我们的距离就是一亿五千万千米远。

生：同理"差不多"也是大概的意思，并不是确指。

师：请同学们再对比读一读，感受一下说明文语言的严谨性。

古语有云："读书百遍，其义自见。"通过上述的引导，学生在朗读中不但知晓了太阳和我们之间的距离如此之遥远，更领悟了说明文语言的准确性。

2. 感知表达方式的丰富性

为了将事物表达清楚，或者将事理表述明白，作者往往会采用多种说明方法。常见的有举例子、分类别、列数字、作比较、打比方、下定义等。此外，还要引导学生感受使用说明方法的作用。若是方法得当，可以让抽象的事物变形象具体，陌生的事物变熟悉。

比如，使用"举例子"说明方法，通过选取代表性、典型性的事例来说明事物的特点，语言通俗易懂，增强说服力。统编语文四年级上册《呼风唤雨的世纪》第四自然段，作者列举了大量的技术发明，可以说每一种发明都具有里程碑意义，让读者真切地感受到科学改变着人类的精神文化生活和物质生活；再比如通过"列数字"给人具体、形象之感。统编语文五年级上册《太阳》的第一自然段："……其实，太阳离我们约有一亿五千万千米远。到太阳上去，如果步行，日夜不停地走，差不多要走三千五百年；就是要坐飞机，也要飞二十几年。……"作者为了阐述太阳和地球之间的距离，列出了"一亿五千万千米""三千五百年""二十几年"这些具体的数字，如果仅仅用"很远很远"来描述，只能给读者笼统模糊的印象；同样以《太阳》一课为例，"我们看到太阳，觉得它并不大，实际上它大得很，约一百三十万个地球的体积才能抵得上一个太阳。"这又使用到了"作比较"的说明方法。作者用读者熟知的地球与看上去只有一个盘子那么大的太阳作比较，凸显出太阳体积之大；最后，我们来看统编语文五年级上册的习作例文《鲸》："鲸的种类很多，总的来说可以分为两大类：一类是须鲸，没有牙齿；一类是齿鲸，有锋利的牙齿。"这显然运用到了"分类别"的说明方法，将被说明的对象，按照一定的标准划分不同的类别。总之，作者运用了哪些说明方法，又是如何运用的，运用之后产生怎样的效果，都是学习说明文的重要内容。

前文笔者已经提到，根据作者语言特色和写作风格的不同，说明文可以分为常识性说明文和文艺性说明文。例如，小学语文五年级上册第五单元教材编写者选编了《太阳》和《松鼠》，两篇文章的语言风格大相径庭，但这其实是教材编者有意将两篇课文放在一起，从中传达出一个重要的信息：说明文的学习不仅要了解说明文应有的语言风格，还要感受说明文多样的表达方式和独具个性的语言特色。叶圣陶先生曾经说过："说明文不一定就是板起面孔来说话，说明文未尝不可带一点风趣。"法国作家布封笔下的《松鼠》语言生动传神，极具文学色彩，笔者设计以下教学活动，即通过朗读，在对比中引导学生感受说明文语言的多元性。

师：同学们，上节课我们学习了《太阳》一课，你觉得这两篇说明文在写法上有什么异同？

生：我觉得相同点就是抓住事物进行说明，一篇的对象为太阳，今天所学的为松鼠。

生：两篇文章虽然都是说明文，但是语言表达却有很大的不同。《太阳》用了很多的说明方法，而《松鼠》一文用了很多的修辞手法，语言生动，风趣幽默。

师：如果用《太阳》这篇文章的语言方式介绍《松鼠》，又该如何撰写呢？请同学们读一读下面的句子，找出课文中相应的内容，体会表达上的不同。

（出示）

句子一：松鼠体形细长，体长17~26厘米，尾长15~21厘米，体重300~400克。

句子二：松鼠在树上筑巢或利用树洞栖居，巢以树的干枝条及杂物构成，直径约50厘米。

句子三：松鼠每年春、秋季换毛。年产仔2~3次，一般在4、6月产仔较多。

——选自《中国大百科全书》（第二版）

生：《中国大百科全书》上的语言特别简洁，用词简洁、严谨；课文中的语言比较活泼、生动。

生：《中国大百科全书》采用了列数字的方法来具体介绍松鼠的外形，课文则是采用抓住特点具体说明的写法。

师：同样是介绍松鼠的说明性文章，有的语言简洁，有的语言有趣，虽然表达的风格有所不同，但是一样都很有条理、用词很准确。

以上教学，通过《中国大百科全书》和课文内容的比较，学生在朗读、思考、感悟中逐渐领悟，原来说明文的表达不仅可以采用列数字、作比较等说明方法，同样也可以采用拟人、比喻等修辞手法，这为单元习作奠定了良好的基础。

3. 观照谋篇布局的巧妙性

说明文的文章思路缜密，逻辑清晰，层次鲜明。它的语篇结构同样体现了语言逻辑的严谨性和科学性。在教学过程之中，教师可以通过不同文本之间的比较阅读来发现说明文文章的结构之美。

例如，小学语文三年级下册《花钟》一课，行文按照"归纳现象—揭示原因—实际运用"的思路，说明不同的花会在不同的时间开放及其原因。作者先讲观察后的发现：一天之内，不同的花开放时间是不同的。通过例举牵牛花、蔷薇、睡莲等九种花不同的开花时间来说明这个观点；接着文章以"不同的植物为什么开花的时间不同呢？有的植物开花的时间，与温度、湿度、光照有着密切的关系"引出第二自然段的内容，分析回答了不同的植物开花时间不同的两个原因：开花时间与温度、湿度、光照有关，与昆虫的活动时间有关。作者在第三自然段进行拓展延伸，谈到植物学家修建"花钟"，其做法很奇妙。"借助关键语句概括一段话的大意"是本单元的语文要素，像《花钟》这样条理清晰、结构简洁的文章对于落实此语文能力具有重要意义。同时，对于三年级的学生而言，也是模仿学习写作的范例，有助于提升学生言语思维的条理性和逻辑性。

再比如学习《太阳》一课，教师可以依托课后练习"想一想：课文从哪几个方面介绍了太阳"来展开教学，学生可以借助思维导图、表格等形式理清文章的脉络，明白从"距离地球远、体积大、温度高、与人类的关系密切"四个方面将太阳的情况介绍清楚，从而整体把握文章结构。说明文教学，旨在引导学生通过文本习得方法，因而在教学中要引领学生从整体上理清文章的脉络，在局部中破解说明文语言的密码。

三、"拓读"中迸发语文魅力

《义务教育语文课程标准（2011 年版）》提出："要重视培养学生广泛的阅读兴趣，扩大阅读面，增加阅读量，提高阅读品味。"在说明文的教学中，教师要遵循以"本"为先的理念，立足教材，选择一些适切的读物，一方面拓展学生的视野，增加知识储备；另一方面加深对说明文语言特点的认知。例如，一位教师在教学《蟋蟀的住宅》时设计了以下拓展环节：

师：一部伟大作品后面，一定有一位伟大的作者。这篇课文出自《昆虫记》。他的作者，是法国作家——

生：法布尔。

师：作者法布尔，用了 30 年时间，观察昆虫，研究昆虫，写出了一部伟大的作品——《昆虫记》。在这本书里，有许多有趣的动物故事。

出示：

《天牛吃路》《高明的杀手》《昆虫睡姿辨》《萤火虫备餐》《金步甲的婚俗》……

师：光听这些名字，就够诱人的！昨天晚上，老师备课的时候，一遍又一遍地读《蟋蟀的住宅》，读着读着，我深感触动。原来，我自己就是一只蟋蟀。因为，直到现在，我仍然在为一套舒适的住宅勤勉地奔忙。(学生大笑) 在虫子的世界里，你属于哪一只呢？课后，请到《昆虫记》里去寻找答案吧。

"在精读文章之外，再令读一些相类似的文章，比之于小孩学说话，就是要他们从所有接触的人方面去学习。"（叶圣陶）可见，教材无非是个引子，通过一篇文章的学习打开一扇拓展阅读的窗口。通过专注地阅读某一类的文章，有利于学生建构起这一类文体的文字风格。上面这位老师在课堂尾声通过推荐一些有趣的题目来激发学生阅读的兴趣，吊足学生的胃口，鼓励他们自主去阅读和探究。

我们可以发现，"读"在说明文教学中有着举足轻重的作用。在"悦读""研读""拓读"中，学生不仅理智地了解，而且亲切地体会，不知不觉间，内容与理法已经内化。"朗读，品味感受的阅读活动；朗读，充满诗意的文学活动；朗读，丰富细腻的情感活动。""没有朗读的课只是'课'，不是语文课。"朗读，为说明文的教学增光添彩。

读中理解 读中体验 读中悟情

——四上《蟋蟀的住宅》教学

【教学目标】

1. 认识"宅""隐"等12个生字，会写"宅""临"等14个字，会写"住宅""临时"等16个词语。

2. 知道蟋蟀住宅的特点和修建的过程，能理解蟋蟀的住宅算是"伟大的工程"的原因。

3. 能从课文准确生动的表达中，感受作者连续细致的观察，体会观察的乐趣。

4. 能通过比较，体会采用拟人手法表达的好处。

【教学过程】

板块一：激趣导入，走进"住宅"

1. 出示"宅"和"穴"甲骨文，引导学生猜测分别是什么字？相机理解意思，"宅"指的是住所、房子；"穴"指的是洞、窟窿。

2. 出示课题，引发质疑。人类居住的地方称为"宅"，动物居住的地方称为"穴"。可是，今天我们所学的课文却为——《蟋蟀的住宅》（出示）。你有什么疑问吗？学生交流。

3. 出示《昆虫记》中的一些标题，体会充满趣味和人情的拟人写法。

《狼蛛的家庭生活》《天生攀岩家》《蜘蛛离乡记》《螳螂的爱情》

板块二：初读探究，感知"住宅"

1. 出示学习活动：请同学们自由朗读课文，要求读准字音，读通句子，难读的地方多读几遍，有疑问的地方用横线画出，同桌之间可以相互交流。

2. 检测反馈。

（1）出示生字词语，自己读，同桌合作读，指名读，全班读。

住宅 挖掘 搜索 布置 抛出

洞穴 大厅 卧室 专家 较大

重点点拨："宅"为翘舌音，"搜""索"为平舌音。提示"宅""穴"的书写，都是宝盖头，注意下半部分应写得舒展。

（2）重点段落朗读，给予学生展示的机会，教师要及时点评反馈。

3. 梳理文脉，整体感知。默读课文，说说课文围绕蟋蟀的住宅讲了哪两方面的内容？预设：住宅的位置、样子、大小、结构、如何修建、修建的工具、修建的时间。教师根据学生的回答相机引导归类，概括为"住宅特点"和"修建住宅"两部分。

板块三：品析词句，深入"住宅"

第一，学习"住宅特点"部分：

1. 出示学习任务：请同学们默读课文第二至第六自然段，用横线画出介绍蟋蟀住宅特点的语句，并在旁边做好批注。

2. 师生交流。

预设：

（1）慎重地选择住址，排水优良，并且有温和的阳光。

（2）隧道弯弯曲曲，最多九尺深，一指宽。

（3）出口的地方有一丛草半掩着，就像一座门。

（4）平台很平坦。

（5）屋内没有什么布置，墙壁很光滑。

（6）大体上讲，住所是就很简单的、清洁、干燥，很卫生。

3. 朗读体会。

（1）教师引导：小小的蟋蟀竟然修筑出如此精巧的建筑，难怪作者说——（学生朗读）它的出名不光由于它的唱歌，还由于它的住宅。

（2）教师引导：蟋蟀用它柔弱的身体修筑出一项不平凡的住宅，作者不禁称赞道——（学生朗读）假使我们想到蟋蟀用来挖掘的工具是那样简单，这座住宅可以算是伟大的工程了。

4. 品味语言，体会作者细致入微的观察和准确的表达。

（1）请同学们对比读一读下面的句子，说一说你有什么感受？

①隧道顺着地势弯弯曲曲，九尺深，一尺宽，这便是蟋蟀的住宅。

②隧道顺着地势弯弯曲曲，最多九尺深，一尺宽，这便是蟋蟀的住宅。

教师点拨："最多"体现了作者经过了细致的观察，才能得出结论；"九尺""一尺"说明作者经过了科学地测量，得出了精确的数据，体现出作者一丝不苟、认真严谨的科学态度。

（2）小组合作：①用波浪线画出体现作者细致观察和准确表达的句子，旁边做好批注；②小组成员相互交流。

（预设）学生交流：从"出口的地方总有一丛草半掩着，就像一座门。"这句话中的"半掩着"可以看出，蟋蟀洞口的特点，这样既隐蔽又通风，可见作者进行了非常细致的观察。

（预设）学生交流：从"大体上讲，住所是很简朴的，清洁、干燥，很卫生。"这句话中的"大体上讲"可以看出，作者依据事实进行科学表达。

（3）出示名言，引导学生加深感悟。达尔文对法布尔曾经称赞道："无与伦比的观察家——法布尔"。

第二，学习"修建住宅"部分：

1. 过渡：如此伟大的工程，蟋蟀又是如何修建的呢？出示学习任务：①默读第七至第九自然段，用横线画出表示时间的词语；②用圆圈圈出蟋蟀修建住宅的工具。

2. 交流反馈。

（1）聚焦时间，感受作者连续的观察。

①根据学生回答，相机出示相关语句：

蟋蟀盖房子大多是在十月，秋天初寒的时候。

余下的是长时间的整修，今天做一点儿，明天做一点儿。

即使在冬天，只要天气温和，太阳晒到它住宅的门口，还可以看见蟋蟀从里面不断地抛出泥土来。

从"十月""秋天初寒的时候""即使在冬天"等时间与作者的观察联系起来，你感受到法布尔什么品质？预设：恒心、细心、坚持。

②作者仅仅是观察了这样一个冬季吗？链接课外资料，聚焦"三十年的观察"，引导学生想象法布尔在荒石园里观察昆虫的情景。

引导：三十年，多么漫长的岁月，法布尔全身心地投入。他与昆虫朝夕相处，他与大地融为一体。当清晨的第一缕阳光照耀大地，法布尔弯曲着腰，在聚精会神地观察昆虫；烈日炎炎，酷热的阳光炙烤着大地，法布尔在一笔一画记录着；夜深人静，星星闪耀夜空，法布尔还在观察昆虫，聆听着昆虫奏响的乐章。寒来暑往，风吹日晒，狂风暴雨，法布尔丝毫没有放弃。他所有的坚持，正如他自己所说的——（学生读）"我悉心观察的是生命"。

（2）聚焦工具，感受作者入微的观察。

①根据学生回答，相继出示图示。

前足——扒土；钳子——搬土块；后腿——踏地；后腿上的锯——推土铺开

②出示蟋蟀简笔画，引导学生介绍蟋蟀这些工具的用途。

3. 引导学生借助板书，利用"时间"和"工具"关键词，用自己的话介绍蟋蟀住宅的修建过程。

板块四：对比研读，拓展延伸

1. 比一比，读一读：出示"阅读链接"《燕子窝》，请同学们对比读一读，想一想两篇课文的异同之处。预设：都对动物进行了细致连续的观察，巧用拟人，使得文章的语言妙趣横生。不同之处，《燕子窝》采用了日记体形式，《蟋蟀的住宅》则是将长期观察的内容撰写成一篇文章。

2. 比一比，说一说：课文将蟋蟀比作人，把蟋蟀的巢穴比作人的住宅，说说这样写的好处。

3. 比一比，品一品：出示课后第三题英国麦加文的《昆虫》片段，引导读一读并想一想在表达上与课文有什么不同。预设：选文片段语言简洁明了，表达清晰明确，不带有感情色情；课文中的语句读起来栩栩如生，生动形象，富有情趣。

4. 介绍法布尔，推荐阅读《昆虫记》，出示名家评论，激发学生阅读兴趣。

①法国作家雨果：《昆虫记》不愧为"昆虫的史诗"。

②现代作家巴金：《昆虫记》融作者毕生的研究成果和人生感悟于一炉，以人性观察虫性，将昆虫世界化作供人类获取知识、趣味、美感和思想的美文。

③法国著名戏剧家罗丹：这个大科学家像哲学家一般的思，像美术家一般的看，像文学家一般的写。

品读说明词句　聚焦表达方法
——五上《太阳》教学

【教学目标】

1. 认识"摄""殖"等4个生字，会写"摄""氏"等9个字，会写"寸草不生""摄氏度"等9个词语。

2. 默读课文，能说出课文从哪些方面介绍太阳及太阳对人类的作用。

3. 能结合课文内容了解列数字、作比较等基本的说明方法，在比较辨析、情境对话中体会这些说明方法的好处。

4. 能尝试运用多种说明方法，写清楚一种事物的特征。

【教学过程】

板块一：激发兴趣，导入新课

1. 教师播放动画片《后羿射日》，学生观赏。

2. 激趣：同学们，你们说后羿真的能射到太阳吗？哪位同学能结合预习的课文内容及搜集的资料，来阐述理由？（学生简要介绍自己搜集的有关太阳的资料，教师相机补充。）

3. 导入：太阳，我们几乎每天都能看到，可我们对它既熟悉又陌生。因为，我们对于太阳的真实情况了解得少之又少。今天，就请同学们做个小小科学家，通过学习课文，去揭开太阳的奥秘。（教师板书课题，学生齐读课题。）

板块二：初读课文，整体感知

1. 出示学习任务：自由朗读课文，要求读准字音，读通句子，遇到不懂的字词，可以查字典；遇到不理解的地方可以画一画，然后在小组内交流。（组织学生自学，教师巡视，并及时订正。）

2. 汇报交流自读情况。

（1）课件出示：摄氏度　差不多　生存　繁殖　估计　杀菌　治疗　蔬菜　比较　凝成（重点点拨："殖"是翘舌音，"疗"读 liáo。开火车小老师带领朗读，全班齐读。）

（2）轮读课文，互相纠正。教师要有针对性地进行指导和评价，对于读得不好的同学要多鼓励。

（3）通过查工具书或联系上下文等方法，初步了解"抵得上、繁殖、治疗、寸草不生"等词语的意思。

3. 理清文脉。默读课文，借助思维导图、表格等形式梳理课文从哪些方面介绍了太阳。以下范例仅供参考。

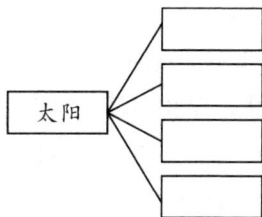

指名学生交流，教师明确：概括起来讲，课文从四个方面来介绍太阳，分别是和地球距离、太阳体积、太阳温度和与人类的密切关系。

板块三：了解说明方法，体会其效果

1. 学习课文第一自然段，感受太阳距离地球远。

（1）出示学习活动：请同学们自由朗读第一自然段，读完之后请你用横线画一画哪些地方让你感受到太阳距离地球远。

（2）学生交流。

预设：从"其实，太阳离我们约一亿五千万千米远"这句话中的"约有一亿五千万千米"看出很远。

预设：从"差不多要走三千五百年"感受到距离很远。

预设：从"也要飞二十几年"想象得出很远。

（3）出示句子，对比朗读，细心体会。

改动：其实，太阳离我们很远。到太阳上去，如果步行，日夜不停地走，差不多要走很多年；就是坐飞机，也要飞很多年。

原文：其实，太阳离我们约有一亿五千万千米远。到太阳上去，如果步行，日夜不停地走，差不多要走三千五百年；就是坐飞机，也要飞二十几年。

学生交流，教师补充：作者采用了列数字的说明方法，科学、准确地阐述了太阳和地球之间的距离，让读者有鲜明的直观感受。"很多年"是一个模糊的说法，比较抽象，不够有说服力。

（4）品味朗读，读出太阳距离地球之远。

2. 学习课文第二自然段，感受太阳体积之大。

（1）激发想象：同学们，如果让你来描述太阳的体积，你会如何描述呢？学生交流。

（2）出示学习活动：默读课文第二自然段，思考作者是如何描写太阳的体积之大。学生交流。预设：作者采用了作比较的说明方法，将地球和太阳进行对比，突出太阳体积之大。

（3）播放视频，引导学生直观对比太阳与其他星球的大小，体会作比较的表达方法能够让人感受到事物的特点。

（4）指导朗读，读出太阳体积之大。

3. 学习第三自然，感受太阳温度高。

（1）引发思考：同学们，我们都知道太阳的温度很高，若是将第三自然段只保留"太阳的温度很高"，表达效果会有什么不同？学生交流。预设：作者采用了列数字、作比较的说明方法，生动具体地写出了太阳温度之高。

188

（2）指名学生交流不同物品的温度，教师相机出示资料，补充介绍开水的温度、钢铁的熔点等资料，引导学生直观感知。

（3）指导朗读，读出太阳体积之大。

板块四：学习第四至第八自然段，体会太阳和人类密切的关系

1. 出示学习活动：自由朗读第四至第八自然段，一边读一边思考为什么太阳和人类有着密切的联系？（学生思考，教师巡视。）

2. 交流反馈。

（1）教师根据学生的回答，相机指导归类。从动植物的生长、人类的生产生活、煤炭的形成三个方面介绍太阳和人类有着密切的联系。

（2）教师播放微课，帮助学生理解。

3. 合作学习第五至第七自然段，完成学习任务：①读一读语段；②找一找作者从哪些方面介绍了太阳对人类的作用；③请同学们结合生活经验和课外阅读，举出具体事例，想一想哪些事物和太阳还有密切的联系。

（1）交流反馈。五、六两个自然段主要讲述了太阳对大气的影响，相机引导学生回忆所学《我是什么》，理解太阳对雨雪形成的影响，引导学生结合生活经验，理解太阳对风的影响。第七自然段，引导学生联系日常生活中"晒被子"以及利用太阳光治疗疾病案例。

（2）交流反馈。预设：植物的光合作用，太阳能发电等。

4. 出示：一句话，没有太阳，就没有我们这个美丽可爱的世界。

（1）谈谈对这句话的理解。

（2）朗读品味。

板块五：拓展延伸，仿照表达

1. 教师小结：同学们，通过刚才的学习，我们得知作者分别从太阳距离地球远、体积大、温度高以及太阳对人类的作用四个方面进行介绍。在介绍太阳的过程中，作者恰当地采用了列数字、作比较等说明方法，使得抽象复杂的事情变得具体易懂，突出了太阳的特点，给人留下深刻的印象。

2. 出示"初试身手"板块内容：请同学们阅读方框中的文字和右边

的图片，想一想用哪些说明方法来介绍？

预设：这座电视塔最大的特点是"高"，有 368 米，大约有 120 层楼那么高，可以使用列数字和作比较说明方法。

预设：它的外形像一个待发射的火箭，可以采用打比方的说明方法。

3. 小练笔：选择身边的一个事物，试着运用多种方法来说明它的特征。

（1）学生练写，教师巡视。

（2）出示评价标准：①词通句顺，标点正确；②运用了多种说明方法且使用恰当；③是否将事物的特点介绍清楚。

（3）师生互评。特别是引导学生要关注列数字的时候，数字是否准确；作比较的时候，是否突出事物的特点；打比方的时候，是否让人清楚，举例子的时候，例子是否典型，有说服力。

紧扣文体特征　感悟生动表达
——五上《松鼠》教学实录

【教学目标】

1. 认识"驯""矫"等 8 个生字，会写"鼠""秀"等 11 个字，会写"松鼠""乖巧"等 13 个词语。

2. 了解松鼠的特点，通过抓特点、抓关键词、画思维导图等方法提炼梳理松鼠的相关信息，并分条记录。

3. 通过对比，能体会说明性文章不同的语言风格。

【课堂现场】

板块一：猜谜导入，揭示课题

师：（屏幕出示：尾巴大得像扇子，窜来窜去采果子。夏天树上来乘凉，到了冬天洞里藏。）请同学们猜一猜，这是哪一种动物呢？

生：松鼠。（教师板书）

师：课前同学们都搜集了有关松鼠的资料，谁能用上上节课所学的说明方法来介绍松鼠？

生：这是我从"百度百科"上搜集的资料：松鼠，隶属啮齿目松鼠科，泛指一大类尾巴上披有蓬松长毛的啮齿类动物，现存约有58属285种，分布遍及南极以外的各大洲。

生：我是从一本书上阅读到的介绍："松鼠的耳朵和尾巴的毛特别长，能适应树上生活；它们使用像长钩的爪和尾巴倒吊树枝上。在黎明和傍晚，也会离开树上，到地面上捕食。松鼠在秋天觅得丰富的食物后，就会利用树洞或在地上挖洞，储存果实等食物，同时以泥土或落叶堵住洞口。"

师：刚刚这两位同学分别从松鼠的数量、分布以及习性等角度来进行介绍，而且用到了列数字、打比方等说明方法。还有没有同学愿意继续分享？

生：我从松鼠的饮食角度和大家介绍：松鼠喜欢吃素，偶尔也吃荤。它的素食主要以红松、云杉、冷杉、落叶松、樟子松和榛子、橡子的干果以及种子为主；荤食主要以昆虫、幼虫、蚁卵和其他小动物等为主。

师：通过课前预习，同学们对松鼠已经有了大致的了解。那么在法国作家布封的笔下又是一只怎样的松鼠呢？请同学们打开书本翻到第68页。

板块二：初读课文，分条梳理信息

师：请同学们自由朗读课文，要求读准字音，读通句子，难读的地方多读几遍；遇到不理解的地方用横线画出，之后小组之间相互探讨。

（学生自由朗读课文，教师巡视，学生读得正确流利）

师：看来同学们预习得很充分，这是学习语文的好习惯。接下来，陆老师就来考一考大家，这些词语你会读吗？

屏幕出示：

　　驯良　矫健　翘起　歇凉　蛰伏不动　榛子　分杈
　　宽敞　苔藓　狭窄　勉强　雏形　灰褐色

（开火车读，小老师带读，全班齐读。出示图片理解"苔藓""榛子"；重点点拨："杈、锥"为翘舌音；"榛"为前鼻音；注意"鼠"的笔顺以及"歇""勉"等字的框架结构。)

师： 字音、字词的学习难不倒大家。同学们，读着这些词语，读着作者描写松鼠的语句，请你用一个词来形容一下，这是一只怎样的松鼠？

屏幕出示：

这是一只（   ）的松鼠。

生： 我觉得这是一只可爱的松鼠。

生： 我觉得这是一只机灵的松鼠。

生： 我觉得这是一只乖巧的松鼠。

生： 我觉得这是一只讨人喜欢的松鼠。

生： 我觉得这是一只矫健的松鼠。

师： 一只松鼠竟给同学们留下了如此深刻的印象，看来同学们都很喜欢这只松鼠！那么，作者又是从哪些方面来介绍松鼠的呢？接下来，请同学们再次默读课文，找出有关描写松鼠的信息，在旁边做好批注。

生： "它们面容清秀，眼睛闪闪发光，身体矫健，四肢轻快。"这是介绍松鼠的面容、眼睛、身体和四肢。

生： "松鼠的窝通常搭在树枝分叉的地方，又干净又暖和。"这是介绍松鼠的窝。

生： 我对介绍松鼠的窝还有补充，文中"窝口朝上，端端正正，很狭窄，勉强可以进出。窝口有一个圆锥形的盖，把整个窝遮蔽起来，下雨时雨水向四周流去，不会落在窝里。"这也是在描写松鼠的窝。

师： 多么机智的松鼠，多么细致的你，谢谢你的补充。谁继续来分享不同的方面，其他同学们注意听，回答的时候避免重复。

生： "它们的尾巴老是翘起来，一直翘到头上，自己就躲在尾巴底下歇凉。"这是介绍松鼠的尾巴。

生： 课文第二自然段中的"松鼠不躲藏在地底下，经常在高处活动，像飞鸟一样住在树顶上，满树林跑，从这棵树跳到那棵树。"这是在介绍松鼠活动的范围。

生："松鼠在秋天拾榛子，塞到老树空心的缝隙里，塞得满满的，留到冬天吃。"这是在介绍松鼠喜欢吃什么。

师：刚刚同学们找的信息都很全面，但是细细品读，你会发现文中还介绍了松鼠很多很多方面的信息。陆老师有一个困难需要大家来出主意，如此多的信息，怎样才能让读者一目了然呢？能否归类呢，你有什么好办法？

生：可以借助表格，进行梳理。

师：这是一个好办法。如果按照你的思路，表格又该怎么设计呢？可以分哪几部分呢？你先想一想，待会请你来细说。还有什么好办法？

生：可以借助思维导图进行归类整理。

生：可以借助树状图，能够一目了然。

师：借助表格、思维导图、树状图都是不错的主意。我们先请第一位同学来说说看借助表格的话该如何进行归类？可以分为哪几类？其他同学充当小老师，看看他的分类是否准确。

生：我觉得可以分为5类，一个自然段为一类。第一自然段"面容清秀、眼睛闪闪发光、身体矫健……尾巴老是翘起"，这些在介绍松鼠的长相；第二自然段"经常在高处活动，像飞鸟一样住在树顶上""在清朗的夏夜，可以听到松鼠在树上跳着叫着，相互追逐。"这些是描写松鼠是如何活动的；第三自然段"松鼠不像山鼠那样，一到冬天就蛰伏不动"，我觉得是在介绍松鼠的一些行为；第四自然段则是介绍了松鼠是如何搭窝的；最后第五自然段介绍了松鼠的繁殖、脱毛的信息。

师：请大家把热烈的掌声送给他。（学生热烈鼓掌）这位同学的思路清晰，表述完整。就像刚刚这位同学所说，其实作者在写的时候，每一段介绍了松鼠的一个方面。我们一起来印证一下。第一自然段，其实都在介绍松鼠的——

生：外形特点。（教师板书）

师：再来看第二自然段，一会说在高处活动，一会说白天歇凉，晚上出来，这是在介绍了松鼠的——

生：活动范围和生活规律。（教师板书）

师：前面有同学说到"拾榛子"是在介绍饮食，其实放在整段话中来看，这部分都在介绍松鼠的——

生：行为特点。（教师板书）

师：第四自然段很明显，主要在介绍松鼠的——

生：搭窝筑巢。（教师板书）

师：刚刚这位同学说第五自然段主要介绍了松鼠的繁殖、脱毛的信息。我们再进行概括，主要介绍了松鼠的其他习性。（教师板书）

师：同学们，接下来就请你们小组合作，任意选择一种形式，或者小组设计记录单，将课文中有关介绍松鼠的信息分条写下来。

（学生创作记录单，分条记录，教师巡视指导，小组展示）

师：同学们，本单元"交流平台"有这样一句话：说明性文章通常抓住事物鲜明的特点进行具体说明，使我们清楚地了解事物。《松鼠》一课，作者就是从外形特点、活动范围和规律、行为特点、搭窝筑巢、其他习性这几个方面来介绍，相信对你之后的写作会有所启发。

板块三：对比阅读，体会表达效果的不同

师：同学们，课后练习第二题要求我们读句子，找出课文中相应的内容，并体会表达上的不同。我们先来读第一句，请女生来朗读。

屏幕出示：

松鼠体形细长，体长 17-26 厘米，尾长 15-21 厘米，体重 300-400 克

师：请同学们到课文中画出相应的语句，请一位男生来读一读。

生：对应课文的句子是：它们面容清秀，眼睛闪闪发光，身体矫健，四肢轻快。

师：同学们，都是在介绍松鼠，而且都是在介绍松鼠的外形，它们在表达上有什么不同？

生：我觉得《百科全书》上的文字比较简洁，用列数字的说明方法很直观地介绍了松鼠的外形。

生：我觉得布封的文字比较形象、生动。

师：两位同学点评得很到位，同样都是介绍松鼠的说明性文章，有的语言平实、朴素；有的语言生动、有趣，读起来有滋有味。虽然表达风格不一样，但两种语言都注重条理性、逻辑性。

师：在学期初，我们学习了《白鹭》一课，大家还有印象吗？这是一篇介绍"白鹭"的文章，请同学们结合搜集的资料，试着将文章的第二至第五自然段改写成一段说明性的文字。

屏幕出示评价标准：

①写出白鹭外形的具体资料信息；②改变语言风格，变成表达清晰准确的语言；③运用恰当的说明法方法。

（学生展示，师生点评）

生：白鹭是一种飞鸟，体型偏瘦，体长约 60 厘米，羽毛洁白，腿修长，全身呈流线型结构。

生：白鹭与牛背鹭的区别在其体型较大而纤瘦，嘴及腿黑色，趾黄色，繁殖羽纯白，颈背具细长饰羽。

师：同学们，这两种语言风格你喜欢哪一种？

生：我喜欢生实的语言。

师：有没有不同的意见？

生：我喜欢平时的语言。

师：为什么？请说说你的理由。

生：因为比较简洁。

师：其实，不能用好与不好来评价。虽然生动、有趣的语言能激发读者的阅读兴趣，但是平实性的说明性文章同样也有很大的用处，特别是在一些产品说明书、介绍词等中。总之，它们在不同的场合，发挥着不同的作用。

让说明文教学丰盈起来

浙江省丽水市莲都区教育局教研室　朱煜

《松鼠》一课选自统编版五年级上册第五单元，是习作单元中的精读课文。本单元的语文要素是"阅读简单的说明性文章，了解基本的说明方法""搜集资料，用恰当的方法，把某一种事物介绍清楚。"陆老师围绕单元语文要素，紧扣文体特点，创设学习活动，习得表达方法，一改"教条式"说明文教学方式，让说明文教学丰富起来、形象起来、立体起来。

一、读中实践，丰富说明文体验

在整个课堂教学中，陆老师心中有着明确的文体意识，很多活动都是围绕"说明文"展开，可以说是将说明文进行到底。如：课前同学们都搜集了有关松鼠的资料，谁能用上上节课所学的说明方法来介绍松鼠？学生的学习并不是从课堂开始的，学生对说明文并不是一无所知的，因为学生学过说明性文章，而且刚刚学了说明文《太阳》，老师设计这样一个环节，既有学生搜集资料过程中对说明文的体验，这体验来自"百度百科"、课外阅读、生活经验，又有言语表达的体验，学生在表达过程中不知不觉用了列数字、打比方等说明方法。这个环节还有为课堂埋下伏笔，激发兴趣的功能，可谓"一箭三雕"。

二、读中梳理，明晰说明文条理

说明文区别于其他文体的一个特点是特别"有理"，有明晰的说明方法，有清楚的逻辑关系，有平实、准确（或是生动形象）的语言表达等。《松鼠》是任典翻译法国作家布封的一篇文章，通过多年的实践，我们发现，这样的文章与我国的文章有着明显的不同，学生不容易理清文章的内容。

陆老师通过巧设"三问"，游刃有余地破解了这一难题。

第一问："这是一只（　　）的松鼠。"

这个问题提纲挈领，牵一发动全身，让学生从大量信息中梳理出一个关键词，总体上感知了松鼠的特点。

第二问："作者又是从哪些方面来介绍松鼠的。"

第二问由第一问延伸而来，引导学生深入到语言文字中，在看似杂乱的语言中，提取出一条条有价值的信息并在边上做批注。阅读不忘要素与学习方法，在学生的相互补充中，逐渐明晰了关于"松鼠"的种种信息，对内容的理解已经成功了一大半。

第三问："如此多的信息，怎样才能让读者一目了然？能否归类呢，你有什么好办法？"

妙哉，陆老师环环相扣，为的就是激活学生的思维，提升学生的思维能力，聚焦学生语文核心素养。在这个环节中，学生面对琳琅满目的信息，首先得选一种方式，借助思维导图，或表格，或树状图；然后，无论选择哪种方式，都得把这些信息有条有理地放进某一方式中。在这个过程中，学生的思维是活跃的，情绪是积极的，学习是真实发生的。

三问，问问相扣，回归于作者的表达顺序，让学生明白说明文（文艺性说明文）也是有章可循的。

三、读中对比，感悟说明文表达

俄国教育家乌申斯基说："比较是一切理解和思维的基础。"陆老师深谙此道，为了让学生体会常识性说明文和文艺性说明文表达的不同，设计了两次不同的比较。

第一次，把课后习题的句子和课文中相关句子做比较，在朗读中比较表达效果，学生比较容易理解表达效果的不一样。

第二次，以《白鹭》为例，把散文的几段话改成说明性的文字。

在学期初，我们学习了《白鹭》一课，大家还有印象吗？这是一篇介绍"白鹭"的文章，请同学们结合搜集的资料，试着将文章的第二至第五自然段改写成一段说明性的文字。

屏幕出示评价标准：

①写出白鹭外形的具体资料信息；②改变语言风格，变成表达清晰准确的语言；③运用恰当的说明法方法。

学生在练笔中体会说明文的清晰准确，有目的地运用说明方法，学生在实践中体会说明文表达方式，在运用中感受到说明文的独特魅力。

最后陆老师总结陈词：虽然生动、有趣的语言能激发读者的阅读兴趣，但是平实性的说明性文章同样也有很大的用处，特别是在一些产品说明书、介绍词等中。总之，它们在不同的场合，发挥着不同的作用。

可以这么说，陆老师的这堂课走出了前文所描述的"教条式""死气沉沉式"的说明文教学现象，还说明文教学一个生动的、活泼的、有趣的、语文的教学模式。

第八辑

小说朗读教学

朗读是一门艺术，也是小说教学中一种重要的教学策略，有着不可估量的意义。通过朗读，学生会潜移默化地将小说中高尚的人格魅力、深邃的思想情感化为自身内在动力；通过朗读，学生高阶思维的火花在对话中碰撞。当师生一起进入文本，与作者的思想感情相融并生发新的思考、灵感、顿悟时，朗读教学就像一朵鲜花，永远绽放在小说教学的花园之中。

朗读让小说绽放美丽

什么是小说？王荣生老师曾在《小说教学教什么》一书中这样写道："文学理论是这样定义的：小说是散文写成的，具有某种长度的虚构的一个故事。"王安忆老师则说"小说是心灵的历史"。毋庸置疑，小说是一种以塑造典型人物为核心，通过叙述故事和环境描写，形象而生动地反映社会生活的文学体裁。

小说是一种"集大成者"的体裁，它既有诗歌的真情实感，又有散文的潇洒烂漫，也有戏剧的冲突与矛盾……加上它自身又具有跌宕起伏的情节，个性鲜明的人物特征，还有不可或缺的环境描写，精妙的语言，独特的构思，其故事内容来源于生活，又高于生活。种种这些，无不让小说成为万人迷。语文特级教师邓彤在探讨"我们为什么要读小说"时讲到：小说是最接近人生的一种文本。通过阅读小说，能丰富人生体验，陶冶高尚情操。

"读小说，关注情节、环境，感受人物形象"是统编语文教材六年级上册第四单元的语文要素。教材编写者以单元整组的形式引导学生更深刻地领略小说的魅力。本单元的三篇课文都是以现实生活为题材，刻画了普通人在面对困难时所闪现的人性光辉。《桥》叙述了一位村党支部书记面对山洪暴发时舍己为人、不徇私情的光辉形象；《穷人》赞美了桑娜和渔夫在自身生活困难的情况下依然能向别人伸出援助之手；《在柏林》则通过刻画战争中平民百姓的悲剧形象，表现战争给人民造成的深重灾难。当然，教材在其他学段也编排了小说，例如《慈母情深》《跳水》等课文。

笔者认为，朗读在小说教学中具有举足轻重的作用。在教学中，应根据其体裁特点，抓住小说的三要素（情节、环境、人物），通过有声语言展现出栩栩如生的人物形象，表现出人物的细腻情感和内心世界。同时，用小说中的自然环境和社会环境进行烘托，形成"未成曲调先有情"的局面，既能增强学生对作品的理解力，又能提升学生的语用能力。

一、读清故事情节

美国作家西蒙·查特曼说："一旦情节开场，它通常占据优势。"这句话阐明了情节在小说中存在的价值。也就是启示我们，鉴赏小说必须以理清故事的情节为开端，只有把握故事情节，才能走进小说的内部空间，才能品析人物形象，感受环境描写。小说的故事情节一般由开端、发展、高潮、结尾四个阶段组成。在教学过程中，教师往往在初读环节引导学生整体感知故事，借助表格、思维导图等形式梳理故事情节，并用自己的话大概复述。例如，杭州市文三教育集团的汤佳绮老师在教学《桥》时，她是这样展开教学的：

师：让我们默读《桥》这篇小说，关注小说中的环境和情节，试着填写《语文作业本》第43页第3题。

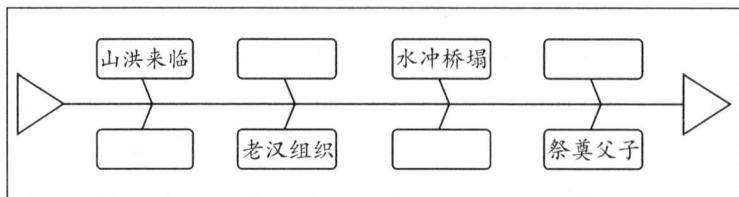

（学生填写，教师巡视。）

师：老师刚才巡视了一下，发现这几处大家所填的内容大体一致，这儿写"人们惊慌""村民逃命"都可以。这儿写"父子牺牲"和"吞没父子"都行。这里大部分同学都写"山洪退去"。只有这里，我们出现了两类答案，我想请"水深没腿"的同学讲讲你们的想法。

生：请同学们看第七自然段，"木桥前，没腿深的水里……"因为上面都是环境描写，所以我写了"水深没腿"。

师：你真厉害，你发现了鱼骨图的奥秘！填写"冲向木桥"的同学，你明白了吗？请修正错误。

师：同学们，我们通过观察鱼骨图，知道图的上面写的都是环境。那么，图的下面写的是——

生：故事发生的情节。

师：（板书：情节）环境、情节、人物就是小说的三要素。这张图里还藏着秘密，横着看，上面是环境，下面是情节。我们还可以怎么看？你又有什么发现？

生：我发现还能竖着看，上面是当时的环境，下面是当时人们做的事情。

师：也就是上下是相互对应的，环境、情节是相互联系的，在这幅图里，我们发现小说有四个情节。

小说阅读最大的乐趣在于追随情节，心情随情节的变化而变化，情节时起时落，心情也时喜时悲。"书不熟读不开讲"，小说教学的第一步就是要让学生好好读一读小说。从以上教学活动可以看出，在初读环节，汤老师依托《语文作业本》中的鱼骨图，引导学生梳理故事的情节，把握小说的主要内容，初步感受情节发展和人物形象之间的紧密联系。再比如，统编语文五年级下册《跳水》是列夫·托尔斯泰的小说，在教学本课时，教师要充分发挥课后练习第一题的作用，引导学生先梳理故事中的人物，再借助"水手拿猴子取乐"这一范例引导学生概括其他两个故事的主要情节，以此把握故事的起因、经过和结果。

二、读活人物形象

分析人物是读懂小说的关键。作家在塑造人物形象时，往往从以下三个方面入手：第一，直接对人物的神态、动作、语言、心理等进行描写；第二，将人物置身于特定的环境进行塑造，这里的环境包括社会环境和自然环境等方面，利用环境描写来烘托出人物的形象特征，通常所说的"一切景语皆情语"就是这个道理；第三，通过故事情节来刻画人物形象。在具体的情节中，人们会将自己的语言、动作、心理活动等流露出来，此时，通过分析可以把握人物的性格特征。另外，还可以从侧面，也就是其他人物的言行中了解此人物。钱理群教授曾说："读，让学生感动，用心朗读是感受文学的一种方式。"学生对于人物形象的理解不是教师教出来的，而是通过品读，用心自然而然感受到的。

以统编语文六年级上册《桥》的教学为例，有老师在赏析老支书的形象时是这样开展教学的，教师先提出学习任务：在突发的山洪面前，村民是怎么表现的？请同学们自由朗读第三至第十自然段，画出关键词句。接着，学生开始交流反馈。有同学找的是"你拥我挤、疯了似的"，从这些词语感受到村民们非常的慌张，不知所措；另外有同学画的是"跌跌撞撞、乱哄哄"，从这些感受到村民在洪水面前是非常的渺小，他们很无措。这是村民的反应，随后教师引导学生聚焦老汉在山洪暴发时的表现，同学们很快圈画出关键词。教师将两组词语同时呈现，左边一列是"你拥我挤、疯了似的、跌跌撞撞、乱哄哄"；右边一列是"站着、不说话、盯着、像一座山"。学生通过对比品析关键词，一位沉着冷静的老支书形象便展现在眼前。最后，教师继续引导学生关注老汉的语言："桥窄！排成一队，不要挤！党员排在后边！"在这里，标点符号起到了点睛之笔，从三个感叹号能读出老汉怎样的内心呢？有学生读出的是老汉对群众的关心；有学生读出的是老汉临危不乱，非常冷静。整个学习过程，充分尊重儿童的阅读体验，也让儿童充分地表达自己感受，老汉的形象在朗读声中呼之欲出。

而同样是分析老支书的形象，何捷老师则瞄准人物语言，抓住关键语句揣摩，进而让人物形象丰满立体起来。何老师在课堂上先进行师生合作朗读，何老师领读，学生接读文中老汉说的话。接着，何老师引导学生围绕"老汉给你留下什么印象"展开交流，有学生说很伟大，有学生回答非常崇高，还有学生认为公正、不徇私情。《语文课程标准》提出：阅读是学生个性化行为，要珍视学生独特的阅读感受。何老师没有过多的点拨，只是进行合作朗读，让学生交流最原始的阅读感受。接下来的教学，何老师始终围绕老汉的四句话开展教学。何老师先把四句话呈现在课件上，分别是：

老汉沙哑地喊话："桥窄！排成一队，不要挤！党员排在后边！"

老汉冷冷地说："可以退党，到我这儿报名。"

老汉突然冲上前，从队伍里揪出一个小伙子，吼道："你还算是个党员吗？排到后面去！"老汉凶得像只豹子。

老汉吼道："少废话，快走。"他用力把小伙子推上木桥。

学生自由朗读这四句话，随后何老师引导学生关注"提示语"："沙哑地喊话""冷冷地说""吼道"。特别是两次"吼"，第一次是站在党员的角度，第二次则是站在父亲的角度，通过层层深入，指导学生入情入境反复朗读。此时已经无须过多的讲述，也无须过多的渲染，学生已经感受到全心全意为人民服务的党员形象，也渐渐读懂老汉自己是党员，他自己率先垂范，用人格魅力感染其他党员的光辉品质。更令人感动的是，在对人民群众的大爱中，也深藏着一个父亲对儿子的真爱，情之所至，催人泪下。"对于一个深刻的精致的情节来说，最重要的并不是外部事件的突转，而是人物内心世界的变幻。"在课堂上，教师要努力将小说中的人物以最饱满、最立体、最有感染力的姿态展现在学生眼前，同时学生也会从这些人物身上获得思想的启迪和精神的感召。

三、读好环境描写

小说中的环境描写是指作品中人物所处的具体社会环境和自然环境的描写。环境描写不仅与情节的发展相得益彰，还与人物形象的塑造有着密不可分的联系。缺少了环境描写，小说的故事情节就显单薄，人物刻画显得生硬；缺少了情节和人物，环境描写也就只剩单纯的写景，所以在教学中，教师要引导学生在环境描写中多走几个来回，体悟作者进行环境描写的用心。

我们继续以《桥》一课为例，课文中描写雨、山洪、桥的句子，就像一根线串起来整个故事情节并推动着情节一步一步走向高潮。例如，"像泼。像倒。""山洪咆哮着，像一群受惊的野马""近一米高的洪水已经在路面上跳舞了。"……这些环境描写烘托了当时紧张的气氛，死亡正在向人们逼近，为故事结尾人物的牺牲埋下伏笔。"水渐渐蹿上来，放肆地舔着人们的腰。""木桥开始发抖，开始痛苦地呻吟。"虽然都是简短的一两句话，但像一股无形的力量推动着故事情节的发展，暗示着人物的命运，也为刻画文中人物舍己为人的形象做了铺垫。笔者对环境描写的内容是这样开展教学的：

师：同学们，谁能来读一读描写洪水的句子。

生：黎明的时候，雨突然大了。像泼。像倒。

师：老师发现，你在朗读"像泼。像倒。"的时候语速有点快，能说说理由吗？

生：我觉得当时雨下得很大而且很快，所以读得比较快。

师：你的感觉没有错，这就是短句子的魅力。谁能学着她的样子再来读一读？

（学生朗读，语速较快，读出雨势之大。）

师：谁还有补充？

生：近一米高的洪水已经在路面上跳舞。

师：同学们，"跳舞"一般带给你什么样的感受？

生：很美好。

师：可是在这里，洪水美好吗？不仅不美好，还带给你什么样的感觉？

生：毛骨悚然。

生：惊悚。

师：是的，不仅你们惊悚，当地的人们也惊慌失措。请男生读一读，读出洪水的可怕。

（男生朗读）

师：描写洪水的句子，谁还有补充？

生：死亡在洪水的狞笑中逼近。

师：找对了。老师建议你在朗读时，在"逼近"前面停顿一下，会带给你不一样的感觉。请你试试。

生：死亡在洪水的狞笑中逼近。

师：狞笑中的洪水让我们浑身害怕。其他同学还有补充吗？

生：水渐渐蹿上来，放肆地舔着人们的腰。

生：水，爬上了老汉的胸膛。

师：同学们，刚才我们已经把文中描写洪水的句子都画出来了。请同学们再读一读，品一品，你有什么发现？

生：我发现洪水越来越猛。

生：而且水势上涨得很快。

师：是啊，随着洪水的上涨，情况也越来越危急。面对咆哮的山洪，你一定感到——

生：害怕。

师：让我们带着紧张、害怕的心情再来读一读描写山洪的句子。

（女生朗读）

师：同学们，作者为什么一而再，再而三地描写山洪呢？可不可以省略？

生：不可以，这样写能突出老汉的镇定。

生：当然不可以！面对如此危急的时刻，老汉却勇敢无畏，并且舍小家为大家，展现出了他舍己为人的形象。

师：没错，通过刚才的品读我们可以发现，环境描写一方面推动着情节的发展，一方面从侧面塑造了人物形象。

总的来说，一篇小说中环境描写的比重并不大，但在小说中具有以下作用：第一，交代事情发生的地点或者背景，增强故事的真实性；第二，渲染故事的气氛，能很快地吸引读者并带领读者进入故事状态；第三，烘托人物的心情，凸显当下这一具体时刻人物的心理活动；第四，反映人物的性格或者品质，烘托人物形象；第五，推动故事情节的发展，让读者感受到情节的发展是顺理成章；第六，深化作品的主题，特别是社会环境的描写，往往是作者别有用意。

朗读是一门艺术，也是小说教学中一种重要的教学策略，有着不可估量的意义。通过朗读，学生会潜移默化地将小说中高尚的人格魅力、深邃的思想情感化为自身内在动力；通过朗读，学生高阶思维的火花在对话中绽放。当师生一起进入文本，与作者的思想感情相融并生发新的感悟、灵感、思考时，朗读教学就像是一朵鲜花，永远绽放在小说教学的花园之中。

审美思辨齐联合 动作语言显本色
——五下《景阳冈》教学

【教学目标】

1. 认识"倚""箸"等17个生字，读准"绰""呵"等3个多音字，会写"冈""肌"等15个字，会写"三更半夜""寻思"等5个词语。

2. 能抓住重点语句，体会武松的性格特点及作者是如何塑造武松这一英雄形象的；借助评论，学会全面看待人物，并能结合内容对武松作出简单的评价。

3. 能借助连环画，按故事的发展顺序说出课文的主要内容，并能用自己的话详细讲述武松打虎的部分，加上适当的语气、表情和动作。

4. 初步学习阅读古典名著的方法，激发阅读名著的兴趣。

【教学过程】

板块一： 评书导入，激发兴趣

1. 出示人物名片，引导学生获取信息。

人物名片		
姓名	单丹芳	
国籍	中国	
职业	评书演员、作家	
艺术成就	是中国评书事业承上启下的关键性人物，评书作为传统艺术，在他的实践当中得到了发扬。	

2. 播放一段说书音频，引导猜一猜所说内容，感受说书的魅力，激发说书的欲望。

3. 出示课后资料袋，学生自读，初步了解《水浒传》的作者、写作背景和主要内容。

4. 学生交流《水浒传》中印象深刻的故事情节和人物，锁定武松，引出课题——《景阳冈》。

（1）板书课题，齐读课题。

（2）提醒注意"冈"与"岗"的书写和区别。

板块二：初读课文，梳理故事情节

1. 出示学习活动：请同学们自由朗读课文，要求读准字音，读通句子，难读的地方多读几遍。

2. 初读反馈。

（1）出示练习单，检测学生初读情况。指名读，全班齐读。

1. 请你读一读下列词语，选择正确读音。

怎地（nèn nen）　　　　　　迸出（bèn bèng）

绰了梢棒（chuò chāo）　　　肋下（lē lèi）

踉踉跄跄（liàng qiàng liàn qiàn）　梢橛（jué juē）

铁锤（zhuī chuí）　　　　　　撺下来（cuān chuàn）

血泊（bó pō）

（2）同桌之间相互交流，理解难懂词句的意思。

1. 满满筛一碗酒来。

2. 你如何不肯卖酒与我吃？

3. 你且回来我家看官司榜文。

4. 近景阳冈大虫伤人，但有过往商客，可于巳、午、未三个时辰，结伙成队过冈。请勿自误。

①交流反馈，重点点拨：可以通过动作猜出"筛"为"倒"的意思；通过古装电视剧引导学生理解"榜文"；通过结合语境和插图理解"大虫"为"猛虎"；通过联系生活中带"勿"字标语，理解"请勿自误。"

②出示语文园地"交流平台"栏目，引导学生在阅读古典名著时，如果遇到不理解的词语，可以灵活运用联系上下文、结合生活实际、古装影视剧、课文的插图、文献资料等方法猜一猜，只要能顺畅地读下去即可。

3. 出示学习活动：默读课文，按照故事的发展顺序，把下面的内容补充完整。

喝酒→（　　）→（　　）→（　　）

（1）按照提示，找出"喝酒"的段落，为课文第一自然段。

（2）根据关键内容，提炼关键词，补充完整。预设：上冈、打虎、下冈。

（3）初步交流，这四部分中你印象最深刻的是哪一部分？为什么？

板块三：聚焦"打虎"部分，探究武松之智勇

1. 自由朗读课文第五、六自然段，理清武松打虎的步骤。

（1）学生自主完成活动，相互交流。

（2）指名交流，教师补充。"武松打虎"部分分五步来写：第一步，初遇猛虎；第二步，躲闪猛虎；第三步，抢棒劈虎；第四步，踢打猛虎；第五步，打死猛虎。

2. 深入学习第五自然段，感受武松形象。

（1）出示学习活动：①默读课文第五、六自然段，一边读一边用横线画出描写武松打虎的句子；②再用圆圈出描写武松打虎的动词；③想一想：武松给你留下了什么印象？

（2）学生完成学习活动，交流反馈，教师重点点拨。

（3）出示"躲闪猛虎"片段：

说时迟，那时快，武松见大虫扑来，只一闪，闪在大虫背后。那大虫背后看人最难，就把前爪搭在地下，把腰胯一掀。武松只一躲，躲在一边。大虫见掀他不着，吼一声，就似半天里起个霹雳，震得那山冈也动。把这铁棒也似虎尾倒竖起来，只一剪。武松却又闪在一边。

①根据连环画填一填动词。

②思考：猛虎的动作是扑、掀、剪，而武松只用闪、躲就避开了猛虎的袭击，从这里你感受到了什么？预设：从武松三次躲避，看出他动作的迅速敏捷；从猛虎的致命三招可以看出猛虎之凶猛，从侧面烘托出武松的机智勇敢。

③播放配乐，营造紧张氛围，指导学生朗读，读出武松的英勇。

(4) 出示"抡棒劈虎"片段：

　　武松见那只大虫复翻身回来，双手抡起梢棒，尽平生气力，只一棒，从半空劈将下来。只听得一声响，簌簌地将那树连枝带叶劈脸打将下来。定睛看时，一棒劈不着大虫。原来慌了，正打在枯树上，把那条梢棒折做两截，只拿得一半在手里。

①一边读一边想象画面，你从"抡""劈"两个动作中体会到了什么？预设：武松沉着冷静，机智勇敢。

②指导朗读。

(5) 出示"踢打猛虎"片段：

　　◆ 武松将半截棒丢在一边，两只手就势把大虫顶花皮揪住，一按按将下来。

　　◆ 武松把只脚望大虫面门上、眼睛里只顾乱踢。

　　◆ 武松把那大虫嘴直按下黄泥坑里去。

　　◆ 武松把左手紧紧地揪住顶花皮，偷出右手来，提起铁锤般大小拳头，尽平生之力，只顾打。

①这一连串的动作，让你感受到了什么？预设："揪"字让我感受到武松的力大无穷，情况很危急，但他仍然能够勇猛拼搏，实在让我佩服。这些动作都是那么有力量，表现了武松的英勇过人。

②引导学生演一演。

3. 朗读课文第五、第六自然段。

4. 给下面图片排序，并学着单丹芳老师说书的样子讲一讲故事，建议加上动作、表情和语气。

（　）　　　（　）　　　（　）　　　（　）　　　（　）

板块四：多元评价，拓展阅读

1. 出示课后练习第四题：对于课文中的武松，人们有不同的评价。你有什么看法？说说你的理由。

（1）出示：武松真勇敢，"明知山有虎，偏向虎山行。"武松很要面子，有些鲁莽，不听别人善意的劝告。

（2）引导学生阅读课文第一至第四自然段，自由表达自我观点，要注意有理有据。预设：从武松的心理描写"我回去时，须吃他耻笑，不是好汉，难以转去。"可以看出武松自尊心强，很爱面子；从武松的语言描写"主人家，怎的不来筛酒？""休要胡说。没地不还你钱，再筛三碗来我吃。""要你扶的不算好汉。"可以看出武松鲁莽、固执等性格特点；从武松的神态描写"武松看了，笑道……"等句子中看出武松无所畏惧的特点。

（3）教师小结：从武松打虎的部分我们看到了武松机智勇敢，英勇无畏的一面，从他的动作、语言、神态描写中我们又看到了武松普通人的一面。让我们更立体、全面地了解人物。

2. 借助评论，更加全面了解人物。

（1）明末清初著名文学批评家金圣叹这样评价武松："武松天人者，

固具有鲁达之阔，林冲之毒，杨志之正，柴进之良，阮七之快，李逵之真，吴用之捷，花荣之雅，卢俊义之大，石秀之警者也。断曰第一人，不亦宜乎？"

（2）理解"第一人"则是武松，出示《水浒传》中有关武松故事的标题，激发学生阅读的兴趣。

（3）制作人物档案袋。

3. 推荐阅读《水浒传》：水浒一百○八将，各个性格鲜明，真实而立体。只有走进这本书，你才能全面地认识这些英雄人物，才能品悟到小说语言的精妙，才能感受到经典的魅力。希望同学们能试着读一读，并学着单丹芳老师的样子尝试说书。

情动辞发　言义兼得
——六上《桥》教学

【教学目标】

1. 借助单元篇章页、思维导图梳理故事情节。

2. 正确、流利、有感情地朗读课文，通过品析老支书的神态、语言、动作感受人物形象。

3. 通过圈画环境描写的句子，在多种形式的朗读中初步体会环境描写对表现人物形象的作用。

【教学过程】

板块一：篇章页导入，了解小说的基本特点

1. 出示单元篇章页，引导学生说一说获取到了哪些信息？预设：本单元的学习主题为"小说"；读小说要关注情节、环境、感受人物形象；创编故事的时候发挥想象等。

2. 明确本单元学习要求：读小说，关注情节、环境，感受人物形象。

3. 出示课题，齐读课题。

板块二：初读课文，梳理故事情节

1. 预习检测，重点字词点拨。

出示：咆哮　势不可挡　狞笑　放肆

　　　惊慌　你拥我挤　疯了似的　跌跌撞撞

　　　站着　不说话　盯着　像一座山

　　　祭奠　搀扶　吞没

（1）指名读，全班齐读。

（2）展开想象：一边读一边想象，你仿佛看到了怎样的情景？

2. 出示学习任务：默读课文《桥》，关注小说中的环境和情节，试着填写《语文作业本》第43页第3题。

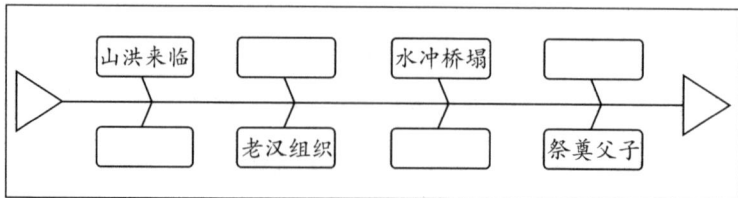

（1）学生填写，交流反馈。

（2）教师明确并点拨：鱼骨图上面一栏填写的是故事中的环境；下面一栏填写的是故事发生的情节；并且上下框是相互对应的，环境、情节相互联系。

板块三：聚焦环境，感受洪水之猛烈

1. 请同学们默读第一至第十四自然段，用横线画一画环境描写的语句。

2. 交流反馈，相机出示语句。

（1）黎明的时候，雨突然大了。像泼。像倒。

（2）山洪咆哮着，像一群受惊的野马，从山谷里狂奔而来，势不可当。

（3）近一米高的山洪已经在路面上跳舞了。

（4）死亡在洪水的狞笑声中逼近。

（5）水渐渐蹿上来，放肆地舔着人们的腰。

（6）木桥开始发抖，开始痛苦地呻吟。

（7）水，爬上了老汉的胸膛。

（8）突然，那木桥轰的一声塌了。

（9）一片白茫茫的世界。

3. 朗读，体会洪水之猛，情况之危急。

（1）请同学们选择一句练习朗读。

（2）学生展示，教师重点点拨，抓住"咆哮""一米高""爬上"等字词读出洪水的肆虐。"跳舞""狞笑""舔"表面上看这些字似乎很好，但是在这里反而写出了洪水的疯狂、可怕；运用了大量的比喻和拟人的修辞手法，突出环境的恶劣；语句很简短，突出当时紧张的氛围。

（3）合作朗读，读出气势。

板块四：品读人物，感受老支书光辉形象

1. 出示学习活动：用波浪线画出描写老支部书记的语句。如有特别打动你的地方，在旁边做好批注。

2. 交流反馈，重点点拨。

（1）出示句子一：老汉清瘦的脸上淌着雨水。他不说话，盯着乱哄哄的人们。他像一座山。

①思考：为什么称他为一座山？预设：突出了老汉的威严、冷静，也从侧面写出了他在人们心目中的地位。

②指导朗读。

（2）出示句子二：老汉沙哑地说："桥窄！排成一队，不要挤！党员排在后边！"……老汉冷冷地说："可以退党，到我这儿报名。"

①聚焦"沙哑""冷冷"，老汉的声音为谁而哑？老汉又是为何变得"冷冷"？交流反馈。预设：为村民而沙哑，为自私的党员而变得"冷冷"。

②三个感叹号，三个短句，指导学生读得坚定、干脆、有力。

（3）出示句子三：老汉突然冲上前，从队伍里揪出一个小伙子，吼道："你算个党员吗？排到后面去！"老汉凶得像只豹子。

①理解"小伙子"是指谁？预设：老汉的儿子。引导学生展开交流：为什么老汉连自己的儿子都不救？预设：可以看出老汉以大局为重，大公无私的品质。

215

②追问：老汉真的不爱自己的儿子吗？请到文中找一找。交流：从十九、二十自然段可以看出老汉心里装着儿子。

③一"揪"一"推"，两个截然不同的动作，"揪"是因为——老汉希望儿子始终牢记自己是一名共产党员，要起到模范带头作用；"推"是因为——他想把生的希望给儿子！

④思考：那么，儿子的心里是否明白父亲的用意？是否也爱他的父亲呢？出示：小伙子瞪了老汉一眼，站到了后面。小伙子推了老汉一把，说："你先走。"引导学生体会由开始的"瞪"到后来的"推"，其实儿子也心系父亲。

3. 整合环境描写和人物描写，发现环境描写对塑造人物形象的作用。

（1）师生合作朗读描写环境和描写人物的句子。

（2）师生讨论：为什么反复描写山洪、桥等环境，是否可以不写？预设：用山洪的猛烈、桥的危急衬托出老汉的镇定与无畏；同时，环境描写推动故事情节的发展。

板块五：拓展延伸，领悟"桥"的内涵

1. 入情入境朗读。老太太失去了自己的丈夫和儿子，对于老支部书记，我们甚至都不知道他的姓名，他留在我们记忆里的只是他的形象，还有在洪水中的动作和语言。

（1）师：灾难来临时，木桥前，站着全村人都拥戴的党支部书记。

生：老汉清瘦的脸上淌着雨水。他不说话，盯着乱哄哄的人们。他像一座山。

师：他像一座山，是一座乡亲们的靠山，危难面前——

生：老汉沙哑地喊话："桥窄！排成一队，不要挤！党员排在后边！"

师：与此同时，他也是一位父亲，深爱着他的儿子。

生：老汉吼道："少废话，快走。"他用力把小伙子推上木桥。

（2）领悟"桥"的含义。桥没有了，但是一位共产党员却在每一位人民的心中架起了一座桥，架起了一座怎样之桥？预设：一座生命之桥；一座大爱之桥；一座希望之桥。

（3）交流：作者为什么没写明老支书的名字，甚至连姓都没有留下，而仅仅用"老汉"来称呼？预设：他是千千万万优秀共产党员的代表，正是因为有了这样的共产党员，人民群众才热爱共产党，才拥护共产党，才无限信任共产党。

2. 出示小练笔：当乡亲们搀扶着老太太来这里祭奠时，他们会说些什么？会想些什么？请动笔写一写。

3. 课堂小结。今天，我们学习了小说《桥》。我们借助鱼骨图梳理了故事的情节，重点赏析了故事中的环境描写，通过品析人物的语言、动作、神态等，感受环境描写与人物塑造之间的关系，在多种形式的朗读中体会老汉舍己为人、顾全大局的精神品质。

让思维在课堂中狂欢

——五下《跳水》教学实录

【教学目标】

1. 认识"肆""桅"等7个生字，会写"艘""航"等14个生字，学会"航行""风平浪静"等12个词语。

2. 能借助思维导图梳理故事的起因、经过和结果，并以此为线索讲述故事的内容。

3. 通过探寻孩子心情变化的原因，理解水手的"笑"对推动故事情节发展的作用。

4. 还原船长的思维过程，明白船长所用办法的好处，感受船长沉着、机智的品质。

【课堂现场】

板块一：借助预学，整体感知故事内容

师：同学们，今天我们要一起学习俄国著名文学作家列夫·托尔斯泰的短篇小说，一起读题。

生：跳水。

师：课前，同学们已经预习了课文，这些字词你会读吗？

屏幕出示：

　　龇牙咧嘴　桅杆　吓唬　放肆

　　师：请同学们自己先读一读，待会邀请小老师带读。

　　（小老师带读；全班齐读；教师相机出示图片、词典，引导学生理解"龇牙咧嘴""桅杆"的意思。）

　　师：再来看这"肆"字，笔画比较多，请同学们拿起笔，我们一起写一写。

　　（学生书写）

　　师：故事中依次出现了哪些人物？能否按照角色的出场顺序说一说？

　　生：按照出场顺序，故事中有水手、猴子、孩子和船长。

　　（教师相机板书）

　　师：看来大家预习得很充分，这是学习语文的好习惯。接下来，请同学们把目光转向课后练习第一题：默读课文，想想故事的起因、经过和结果，把下面的内容填写完整，再讲讲这个故事。

　　屏幕出示：

　　　水手拿猴子取乐→（　　　　）→（　　　　）

　　师：第一空教材给出了示范"水手拿猴子取乐"，这是故事的起因，对应课文的哪个自然段？

　　生：第一自然段。

　　师：第一自然段总共74个字，现在却概括为7个字。聪明的你会发现，范例是借助人物进行概括。接下来，请同学们根据上面人物出场顺序，根据相关情节，用简洁的一句话说清楚发生的事情，试着填写剩余两空。

　　（教师巡视，相机指导，指名交流。）

　　生：第二空为"孩子追猴而遇险"。

218

生：第三空为"船长逼孩子跳水"。

师：老师手上有三幅插图，对应着这三部分，也就是故事的起因、经过和结果。谁能来贴一贴？

（学生板贴插图）

师：接下来，同学们借助插图和提示讲一讲故事的主要内容。先自己尝试讲一讲，再同桌之间相互讲。

生：《跳水》这则故事主要讲了在一艘回航的帆船上，水手们拿猴子取乐，孩子追猴遇到了危险，最后船长逼孩子跳水，使得孩子脱离了险境。

生：这则故事主要讲了在一艘回航的帆船上，水手们拿船上的猴子取乐，猴子越发放肆起来。接着，猴子抢走了孩子的帽子，孩子为了把帽子抢回来追猴遇到危险。船长看到这一情况之后，用枪逼着孩子跳入大海，孩子得救了。

板块二：聚焦情节，体会人物内心变化

师：同学们，《跳水》这故事给你留下最深刻印象的情节是哪里？

生：我对孩子摇摇晃晃地走上横木去取帽子记忆犹新，生怕他失足，摔倒甲板上就没命了。

生：我印象最深的是爸爸瞄准儿子开枪，逼迫他向海里跳水。

生：我印象最深的是故事的结尾——水手们抓住了孩子并救他上了甲板。

师：读书，就是要有自己的理解和思考，这样才能有收获。孩子最后爬到了桅杆的顶端，一步步遇险是谁造成的？

生：是猴子造成的。

师：请同学们默读课文，用横线画一画猴子的行为。

（指名交流，相机出示）

①猴子忽然跳到他面前，摘下他的帽子戴在自己的头上，很快地爬上了桅杆。

②……猴子坐在桅杆的第一根横木上，摘下帽子来用牙齿咬，用

219

爪子撕，好像故意逗他生气。

③猴子比他更灵巧，转身抓着桅杆又往上爬。

④猴子还不时回过头来逗孩子生气。爬到了桅杆的顶端，它用后脚钩住绳子，把帽子挂在最高的那根横木上，然后坐在桅杆的顶端，扭着身子，龇牙咧嘴做着怪样。

师：读着这些语句，你感受到了什么？

生：我觉得这只猴子越来越嚣张了。

生：我觉得猴子很放肆。

师：你是从哪些字词中看出猴子越来越放肆？

生：我从猴子的动作"用牙齿咬，用爪子撕"看出很放肆。

生：我从"逗孩子生气"中感受到猴子的放肆。

生：我从"把帽子挂在最高的那根横木上"看出猴子很可恶。

师：同学们，一只小小的猴子为什么能如此放肆？仅仅是猴子造成小男孩一步步遇险吗？还有没有其他的原因？

生：我觉得水手也起到很大的作用。

师：请说明你的理由。

生：因为猴子拿了孩子的帽子戴在自己头上，水手们不但没有去帮助孩子，反而在那边大笑起来，这让孩子不知所措。

生：我有补充，课文第三自然段写道："水手们笑得更欢了，孩子却气得脸都红了。"这说明水手们袖手旁观，让孩子束手无策。

师：两位同学非常了不起，看似普通的笑实则是导致孩子遇险的重要因素。文中总共写了三次，还有一处请同学们快速用波浪线画出。

(指名交流，相机出示)

一只猴子在人群里钻来钻去，模仿人的动作，惹得大家哈哈大笑。

水手们又大笑起来，只有那个孩子哭笑不得，眼巴巴地望着猴子坐在桅杆的第一根横木上，摘下帽子来用牙齿咬，用爪子撕，好像故意逗他生气。

　　水手们笑得更欢了，孩子却气得脸都红了。

　　师：什么原因导致其"哈哈大笑"？

　　生：水手们在甲板上，一只猴子在人群中钻来钻去，模仿人的动作。

　　师：这时候帆船正在往回航行，也许水手们都已经完成了任务，这个时候比较空闲，看着机灵的猴子，不禁哈哈大笑。第二次大笑的原因又是什么？

　　生：猴子把船长儿子的帽子拿走并戴在自己的头上，这样的行为很滑稽。

　　师：是啊，谁都没有想到一只猴子竟有能耐摘帽子，而且戴着帽子的猴子说不定还有些可爱。可是这时候孩子的心情如何？

　　生：孩子内心很郁闷，他眼巴巴地望着猴子坐在桅杆的第一根横木上。

　　生：孩子内心又想笑又生气。想笑是因为猴子的样子让人忍俊不禁，生气是因为他的帽子被猴子拿走，而且没有人帮助他，反而在大笑。

　　师：你们是孩子的知心朋友，懂得他此时所想。那么，第三次又为何笑呢？

　　生：因为猴子不但不理人，还把帽子撕得更凶了。

　　师：这个时候孩子眼泪都要出来了，他气得脸都红了。我们可以借助以下思维导图将水手的三次笑、猴子的行为以及孩子的内心展示出来。

　　　　水手哈哈大笑→猴子（模仿动作）→男孩（笑得开心）

　　　　水手大笑起来→猴子（放肆摘帽）→男孩（哭笑不得）

　　　　水手笑得更欢→猴子（咬撕帽子）→男孩（脸红追猴）

　　师：同学们，经过梳理，我们清晰地看到水手的笑在变，猴子的行为在变，导致男孩的什么也在变？

　　生：男孩的心情。

师：他的心情由开心变得哭笑不得，他的行为变化为——

生：（读）孩子吓唬它，朝着它大喊大叫。

师：接着，他气得脸都红了，他这样做——

生：（读）他脱了上衣，爬上桅杆去追猴子。他攀着绳子爬到第一根横木上，正要伸手去夺帽子。

师：是的，此时此刻孩子的内心只有一个目的，就是要想方设法地夺回帽子。而就在这过程中，危险发生了——

生：（读）他的手放开了绳子和桅杆，张开胳膊，摇摇晃晃地走上横木去取帽子。孩子只要一失足，直摔到甲板上就没命了。即使他走到横木那头拿到了帽子，也难以回转身来。

师：同学们，你会用一个什么词来形容此时的情况？

生：危在旦夕。

生：千钧一发。

生：迫在眉睫。

……

师：此刻，水手们有何反应？

生：这时候，甲板上的水手全都吓呆了。

师：你觉得水手们心里会想些什么？又会说些什么？

生：水手们心里想："这下糟了，这可怎么办呢？"

生：水手们会说："赶紧下来呀，不然要出人命啊！"

师：是啊，此时水手们也都很焦急。通过刚才的学习，我们发现三次"笑"，对于情节的发展起到至关重要的作用。从"哈哈大笑""大笑起来"到"笑得更欢"，可以看出猴子越来越放肆，而水手们不经心的笑也一步一步逼得孩子陷入险境。

板块三：还原思维，感受船长机智品质

师：当小男孩在横木上命悬一线时，他的父亲，也就是船长从船舱里出来了。当他看到这番景象时，第一反应是什么？

生：他一定会很紧张。

生：他会大喊。

师：他会大喊什么呢？

生：（指名读）向海里跳！快！不跳我就开枪了！

师：同学们，陆老师把句子的标点进行了略微修改，你觉得可以吗？（出示：向海里跳。快，不跳我就开枪了。）

生：不可以，这样就表现不出父亲内心焦急的情绪。

师：请你来朗读，把父亲焦急的情绪读出来。

（学生朗读）

师：语速加快，音量提高，带着这样的理解和情感，我们齐读这句话。

生：（齐读）向海里跳！快！不跳我就开枪了！

师："向海里跳"这个决定是船长随便说说的吗？（不是，因为这是他的儿子。）船长可能设想了哪些会出现的情况？请大家四人小组合作讨论，填入以下表格。

办法	分析	结果

生：我们组设想的办法是往回走，但由于横木太窄，难以转过身来，这个方法不可行。

生：我们组设想的办法是水手们在下面接住，但危险系数比较高，这个方法不可行。

生：我们组想的办法是赶紧拿梯子爬上去救，但由于孩子在横木上摇摇晃晃，且时间紧迫，这个办法不可行。

师：也就是说，和这些办法相比，"向海里跳"的有利因素是什么？

生：当时的环境比较好。

师：你是从哪里得知环境好的？

生：课文的开头。

师：我们一起来读一读。

生：这一天风平浪静，水手们都在甲板上。

师：这位同学很会读书，关注到小说中的环境描写！看似简单的一句话，实则不简单。同学们，还有什么有利因素？

生：甲板上有很多水手，他们能第一时间下海救起孩子。

生：船长手上有枪，能够逼迫孩子跳水。

师：也许船长在极短的时间里设想了种种办法，但事实证明，这个办法相对安全，最后也安全地救了孩子。带着理解和感受，我们再来朗读课文第五、六自然段。

（学生朗读第五、六自然段）

师：我们通过设想、推测，还原了当时船长的思维过程，从中你可以看出这是一位怎样的船长？

生：沉着冷静。

生：果断。

生：机智。

……

师：船长在面对危机时，用超乎常人的智慧进行迅速分析，成功救下儿子。在课堂的最后，我想问大家：这篇小说的主人公是谁？

生：船长。

师：文章对船长的言行描写虽然很简洁，只有少量的动作和语言描写。但故事情节合情合理，经过一系列的铺垫，迎来故事的高潮，生动刻画了一位有着丰富航海经验、遇事沉着冷静、果敢的人物形象。列夫·托尔斯泰曾说——

屏幕出示：

艺术只有当它使用最朴素最简短的方式唤起人们共同的情感时，才是好的和高级的。而当它使用复杂、冗长和精致的方式唤起独特的情感时，它是坏的。

师：学习了《跳水》之后，相信你对这段话有所领悟。课后，同学们可以阅读列夫·托尔斯泰的其他小说。

思维是灵魂的自我谈话

浙江省衢州市教育局教研室 特级教师　施燕红

　　《跳水》是统编教材五年级下册第六单元的一篇精读课文，列夫·托尔斯泰用简洁凝练的文字记叙了一艘轮船的船长面对孩子爬上桅杆最高横木而处于万分危险的处境时，机智果断地命令他跳水，使他转危为安的故事。刻画了一位沉着冷静、机智果断的船长形象。本单元的语文要素是"了解人物的思维过程，加深对课文内容的理解"，课后练习要求按照起因、经过、结果讲讲这个故事，聚焦描写水手"笑"的语句，思考与故事情节发展的联系，想想船长是怎么想的，他的办法好在哪里。基于教材与学情，陆老师为本节课设计了三个学习任务：一是借助预学，整体感知故事内容；二是聚焦情节，体会人物内心变化；三是还原思维，感受船长机智品质。整节课聚焦语文要素，紧扣课后练习，教学内容聚焦，教学过程清晰，让学习真实发生，似乎能看见学生的思维在课堂中拔节生长。

　　思维，是人们在认知过程中的一种精神活动。朱绍禹先生曾说过："语文科是语言学科，同时也是思维学科。同对语文科是工具性学科和思想性学科的认识一样，这样的认识也是语文科的一种本质观。在语文教学中，对语言和思维同等重视是众多国家的现状，也是世界性的趋势。"的确，在语文教学中，培养学生的思维能力，是提升学生语文素养的必经之路。

一、借助形象思维，还原故事现场

　　语文思维具有形象性和逻辑性的特点。借助想象、联想、再造想象等形象思维途径，能帮助还原故事现场，让学生在不知不觉中走近故事，恍若身临其境一般亲历故事，这是《跳水》一课的一大亮点。在第二个教学板块，陆老师在学生感受了猴子的放肆后，继续追问：仅仅是猴子造成小男孩一步步遇险吗？还有没有其他的原因？从而引导学生发现水手们的三次"笑"与故事情节发展的联系。正是水手的笑在变，猴子的行为在变，导致男孩的心情也在变。在这一教学片段中，教师的设计可谓匠心独具，从"猴子的嚣张""水手的嘲笑"到"孩子的遇险"，引导学生通过想象，"看"到了故事发生的整个过程：孩子因为猴子模仿了他的动作，笑得很开心；孩子因为被抢了帽子而哭笑不得；孩子因为猴子撕咬帽子而脸红去追，最终恼羞成怒，摇摇晃晃地走上了横木，危在旦夕……在想象过程中，学生们和文本中的"孩子"产生了共情，真正走到了故事中。

二、细化思维过程，品悟人物魅力

思维无形无声，难以捉摸。《跳水》一课的教学，却能细化思维过程，令人眼前一亮。伴随着故事情节的发展，男孩在横木上命悬一线，学生的心也跟着揪在一起。此时，于情境中朗读，读出父亲的焦急，水到渠成。

课堂教学到了这儿，孩子得救了，父亲焦急的形象也已跃然纸上。教师独具匠心的一笔在最后一问——"'向海里跳'这个决定是船长随便说说的吗？船长可能设想了哪些会出现的情况？"这个问题看起来是在问船长的思考过程，实际上也是在考量学生的思维——男孩遇险时，走回去行不行？让水手在下面接住，行不行？拿梯子爬上去，行不行？

在一一分析之后，学生发现这些方法都不可行，由此很自然地和船长的方法进行比较，"往海里跳"显然是最合适的办法。这样，学生就很自然地想到：船长在那千钧一发的时刻，当机立断地作出这样明智的判断，他是何等睿智，何等果决！

以故事中人物的身份，揣测人物的思考过程，借助图表和小组讨论，细化故事中的人物心路历程，既更好地品悟了人物形象，又提升了学生的语文思维能力。

柏拉图说："思维是灵魂的自我谈话。"《跳水》一课的教学，学生亲历着故事的发生、发展，感受着人物的心路历程，在与文本、人物的对话中，让思维迸射出耀眼的光芒。

第九辑

绘本朗读教学

绘本，是一个喷涌而出的语言的世界。读绘本，就是绘本作者、绘者、翻译者、朗读者和倾听者之间的对话。每一次朗读，都是对绘本的一次重新认识和再建构。我们愿做儿童绘本朗读的摆渡人，我们愿用自己的整个身体和灵魂去感知并且相信岁月，相信美好的种子一定会浸润在儿童的血液里萌芽，直至长成参天大树。

绘本是大人读给孩子听的书

　　读书的开始，是读还是听？面对这个问题，松居直认为"靠耳朵"。他曾在《我的图画书论》中写道："绘本不是让孩子自己看的书，而是大人读给孩子听的书。即使孩子已经可以自己看，在上小学前，甚至小学以后，我们最好还是可以念给他们听。这对丰富亲子生活，建立心灵互通的人际关系，有相当积极的意义。"此外，松居直还说："2 至 5 岁的孩子具有把语言完全变成自己东西的能力。我认为孩子们这是在'吃语言'。若是这语言使他们感到快乐、有趣，他们就把它吃下去，变成自身的东西。因此，孩子们上学以前，大人应使他们有用耳朵听语言的体验。"

　　与绘本的接触方式，最好是大人（父母、老师等）读给孩子听，这是一种特别的体验。儿童文学作家曹文轩说："通过朗读，人们可以通过声音世界过渡到文学世界。"梅子涵先生也说："爸爸妈妈朗读的声音是伴随着体温和深情走进孩子内心的。"所以，朗读从来不仅仅是一种技术，它总是传递温暖、情感和美好。那么，作为教师或是家长，我们该如何给孩子朗读绘本呢？下面，笔者结合具体的绘本故事和大家探讨。

一、善用技巧，朗读更有滋味

　　朗读技巧，指的是朗读者为了准确地传达文字作品的思想内容和感情而对有声语言进行处理和设计，是一种具有创造性的语言活动。技巧运用要经过两个阶段：其一，学习阶段，可以叫作"刻意雕琢"阶段；其二，熟练阶段，可以叫作"回归自然"阶段。不经过"刻意雕琢"，就不能"回归自然"，因为不敢雕琢，就永远不会雕琢，不学习技巧，永远不能掌握技巧，只好停留在自然状态中长期"自然"下去。朗读技巧大致可以分为两类，即一般性技巧和特殊性技巧。如何习得且灵活运用停顿、重音、语气和语调、语速和节奏等一般性技巧，笔者已在《中国孩子的朗读手册》中系统、全面地论述。除此之外，还有一些特殊的朗读技巧，这些技巧的使用可以增强感染力，激发儿童阅读兴趣，尤其在绘本的朗读中尤为显著。

第一种，摹声，是指对于象声词和修辞手段的摹声，增强表达效果。例如，绘本《鸭子开车记》中的故事片段：

狗是第一个，他跳到鸭子旁边。"汪！"狗说。

可他心里想："我们要去兜风！"

让大家惊讶的是，母牛第二个爬了上来。

"哞——"母牛说。可她心里想："这可是我做过的最愚蠢的事！"

猪和猪占据了后面的位置。"呼噜——"猪和猪说。

可他们心里想："这肯定比走路强多了！"

接着母鸡、老鼠和山羊也上来了。

"咯！咯！"母鸡说。可她心里想："谁最后上来谁就是臭鸡蛋！"

"吱——"老鼠说。可她心里想："我站在上面，下面都看得见！"

"咩——"山羊说。可他心里想："我饿了，垃圾场有没有免下车外卖窗口？"

然后是马和猫。猫优雅地跳上拖拉机。

马可没有那么灵巧。

"喵——"猫说。可她心里想："我正准备打个盹儿，但坐车应该很有趣！"

"嘶——"马说。可他心里想："我宁愿步行。"

这一片段有很多拟声词，而且每一种拟声词都象征着每一种动物独一无二的语言。教师在朗读时若能适当模仿，可以使故事更加逼真，让孩子如闻其声，如临其境。

第二种，虚声，是指模仿呼喊或某种声音，有时表示惊讶、感叹等情感，发声时声门收缩，发出较虚的声音以代实音，也叫飞音。我们以绘本

《在牛肚子里旅行》中的片段为例：

"救命啊！救命啊！"红头拼命叫了起来。

"你在哪儿？"青头急忙问。

"我被牛吃了……正在它的嘴里……救命啊！救命啊！"

这时候，可怜的红头和草一起被卷入了大黄牛的嘴里，它的内心是多么焦虑、着急、恐慌。教师在朗读红头说的话时可以适当用上飞音，将声音虚化，而不是放开喉咙大喊，如此更能展现红头此时的心情。

第三种，笑语，是指为了表现欢快、明亮或者具有反讽、讽刺意味的，可以适当带上笑声或者笑出声音进行朗读。例如，宫西达也的《1只小猪和100只狼》讲述了1只小猪被100只狼围攻的故事。狡猾的狼们看到一只小猪时，他们暗自窃喜，纷纷议论："还滚滚圆，好肥啊！""我口水都要流出来啦！""来、来啦！"为了展现出狼狡猾、奸诈的形象，在朗读这些语言时，适当运用笑语能显著凸显故事中人物的特征。

二、妙用音乐，朗读更有韵味

配上合适的音乐，让绘本的文字、图画和朗读者的有声语言、音乐融合在一起，四位一体，带给听者更真切的艺术享受。例如，在朗读《花婆婆》时，可以配上比较舒缓的钢琴曲，与故事所传递的温暖、亲情相吻合；在朗读《我家是动物园》时，根据故事中语言句式简短，节奏鲜明的特点，可以采用节奏轻快、活泼有趣的音乐；在朗读《一园青菜成了精》时，可以同时打快板，使童谣的韵味和快板的趣味相得益彰。在使用配乐时，还是要以读为主，配乐是辅助，切记不可喧宾夺主。那该如何选择恰当的配乐呢？配乐的选择要有一定的技巧并且遵循相应的原则。

第一，配乐的基调要与绘本故事一致。教师在充分熟悉绘本作品内容，正确理解绘本主题和感情基调，准确把握作品的节奏之后，选择与绘本格调相同的配乐。绘本的语言有抒情的、热情的、豪迈的，也有低沉的、忧伤的。那么，所选择的配乐也应该是同类型，切不可将忧伤、抒情的内容配以欢快、活泼的音乐，那样不仅起不到应有的作用，反而会破坏整个朗读的过程。

第二，朗读配乐的长度应该与朗读内容一致。绘本故事长短不一，有的只有几十秒钟，有的长达10多分钟，如果选择的配乐长度不够，朗读还没结束，配乐就没了，那造成的效果也不好。或者说如果配乐过长，朗读都结束了，配乐还在播放，这样效果也不好。教师可以将音乐进行适当的剪辑，选择配乐时，可以用一首曲子贯穿始终，也可以用几首曲子剪辑而成，但是要注意乐曲之间的衔接要自然。

第三，配乐的灵活添加与应用。在寻找乐曲的过程中，有的配乐与绘本故事匹配得"天衣无缝"，几乎是"量身定做"，可是有的绘本故事却难以找到一首心仪的乐曲。其实，音乐的"留白"也是一种高明的艺术手段，当达到高潮时，突然戛然而止，留给听者一定的思考时间和回味时间，更是"此时无声胜有声"。

三、巧用表演，朗读更有意味

绘本不是教科书，更不是问题大全，它应该是孩子的快乐源泉。绘本故事情节跌宕起伏，故事中塑造了大量鲜明生动的人物形象。在朗读时，加入戏剧表演，可以唤醒孩子的主体意识，调动他们的感官，丰富语言文字的感受。

例如，绘本故事《三只山羊嘎啦嘎啦》讲述的是三只名叫嘎啦嘎啦的山羊过桥时惊醒了山怪，最后用自己的机智化解了危机，到达了他们向往的草原境地。在教学过程中，教师可以先让孩子们自己默读故事，随后以小组为单位进行排练。比如，三位同学演山羊，一位同学演山怪，还有一位同学负责旁白。接着，孩子们要对角色的语言、动作、神态、心理进行分析，这样才能准确地塑造人物形象。虽然山怪的语言都是同样的内容，但是随着心理变化，三次吼叫时的语气、语调肯定是有所变化的。虽然三只都是山羊，但是山羊的年龄却不一样。第一只是小山羊，她过桥时的动作、回复山怪时的语气语调以及心里所想和第二只中山羊、第三只老山羊也会有所区别，这些都要在戏剧中生动地展现出来。

通过引入戏剧表演，营造了有趣的课堂氛围。在一次次的排练中，孩子们对绘本故事有了由浅入深、由表及里、由外而内的了解和探索，不仅将平面的绘本演绎成立体的绘本剧，更在其中理解了人物性格，领会了故事主题，促进了语言的积累。此外，还有一些经典绘本已经拍摄成影视作品。在教学过程中，教师不妨在合适的时机将其引入课堂，增加孩子们对绘本的理解。例如，经典电影《极地特快》就改编自绘本《极地特快》。

　　绘本，是一个喷涌而出的语言的世界。读绘本，就是绘本作者、绘者、翻译者、朗读者和倾听者之间的对话。每一次朗读，都是自我对绘本的一次重新认识和再建构，我们应该用自己的整个身体和灵魂去感知。我们愿做儿童绘本朗读的摆渡人，相信岁月，相信美好的种子一定会浸润在儿童的血液里，直至长成参天大树。

寻找是为了抵达

——绘本《宝藏》导读设计

【导读目标】

1. 用"猜一猜、读一读"的方式，体验绘本阅读的乐趣。

2. 从情节设计和绘画风格等角度，鉴赏故事蕴含的哲理，能倾听自我内心并勇敢追随，最终寻找到属于自己的宝藏。

【导读过程】

板块一：观察封面，猜测宝藏

1. 出示封面，获取封面信息。从绘本的封面可以得知作者、翻译者、出版社、人物等。

2. 绘本的名字叫"宝藏"，在脑海中一定会有一个疑问：宝藏是什么？（屏幕出示）带着猜测我们一起跟着尤里·舒利瓦茨走进绘本《宝藏》。

板块二：共读绘本，探寻宝藏

1. 出示第一页：从前有一个人，他的名字叫艾萨克。

（1）联系封面插图，结合绘本题目，猜猜"艾萨克"可能是一个怎样的人。

（2）思考：为什么这一页只有文字，而没有画面？（这个问题估计暂时解决不了，先留给学生思考。）

2. 出示第三页图片。

（1）教师解读：故事一开始，作者留给了我们一个人物的背影，佝偻着身体，周围矗立的高楼大厦，画面给人一种压抑的感受。作者似乎用极其灰暗压抑的冷色调来暗示，艾萨克他那小小的身躯似乎淹没在周围的繁华中，让人完全感觉不到他的存在，脚下有着数不尽的楼梯，仿佛生活没有尽头。

（2）出示文字：他过着非常贫困的生活，天天饿着肚子睡觉。

3. 接着读绘本：

有一天夜里，他做了一个梦。

在梦里一个声音对他说："去京城吧！去皇宫旁的桥下面，寻找宝藏吧！"

"不过是一个梦。"他醒来后心想，没有把它放在心上。

艾萨克第二次又做了这个梦。他还是没有放在心上。

等到第三次做了这个梦，他对自己说："也许它是真的呢?"

于是，他起身上路了。

4. 出示前三幅插图。

（1）思考：请同学们对比观察这三幅图，你有什么发现?预设：插图越来越大，颜色变得明亮。

（2）追问：为什么插图的颜色变得明亮?学生探讨，指名交流。预设：因为艾萨克想去寻找宝藏，内心很开心。引导观察艾萨克的身体形态，原来是佝偻着身体，现在是步伐矫健，充满精神。说明艾萨克去寻宝藏时内心无比的激动。

5. 继续出示绘本第八至九页。此时，画面更加大了，出现了跨页。

（1）邀请一位学生朗读绘本：偶尔，有人会让他搭车，不过大多数的路都得靠他自己走。

（2）提问：既然大多数时间都是靠自己走，为什么绘本在这里不画他走路的图，而画他搭车的图呢?（这个问题估计学生也解决不了，暂时留给大家思考。）

6. 出示绘本第十一至十二页。

过渡：

俗话说：成功的道路一定是曲折的，一定会遇到艰难险阻。他要走过一片片森林，翻过一座座大山。

7. 出示绘本第十二至十三页：他终于到达了京城。请问画面有什么特点?预设：画面的颜色比之前更加明亮。故事达到了高潮，艾萨克已经马上要实现自己的梦想了。

8. 出示绘本第十四至十五页：不过，等他来到皇宫旁的那座桥时，发现白天和黑夜都有卫兵把守。引导学生猜一猜：你们觉得他会就此放弃吗？继续读绘本。

9. 出示绘本第十六至十七页：他不敢去寻找宝藏。可每天早晨，他都会回到桥边，转来转去，直到天黑。

讲解：艾萨克跨越高山，穿越森林，克服艰难险阻终于来到了京城，内心对宝藏，对梦想充满着期许和信念。梦想是可爱的却也是可怕的，它会给你带来前所未有的欲望。

朗读：有一天，卫兵队长问他："你为什么要在这里转来转去？"

10. 出示绘本第十八至十九页。

（1）艾萨克把那个梦讲给卫兵队长听，请同学们回忆一下艾萨克梦的内容，谁愿意模仿艾萨克来讲一讲？邀请一位学生模仿，点评。

放大艾萨克的表情，提问：请同学们仔细揣摩艾萨克的表情，你们觉得艾萨克此时会带着怎样的心情和卫兵讲自己的梦。再邀请学生来模仿。

（2）出示第十九页。哪位同学愿意模仿卫兵队长来回答，带着"别人笑我太疯癫，我笑他人看不穿。"的状态朗读。

（3）你们觉得艾萨克会听取卫兵队长的意见吗？引导学生猜一猜，继续读绘本。

11. 出示绘本第二十至二十二页：艾萨克给卫兵队长鞠了个躬，就又开始了他那漫长的回家路。他翻过了一座座大山，走过了一座座森林。

（1）同学们，这些画面是否熟悉？同时出示高山、森林这前后四幅画。

（2）请同学们仔细对比与观察，说说你有什么发现？同桌观察绘本，交流。预设：这是艾萨克前往寻宝的路上，和他返程时的画面。同样是"一片片森林，一座座大山"，作者在不同的时期描画出了不同的效果：前往途中周围森林给人逼仄感，连绵起伏的大山顶天立地，给人一种强烈的压迫感。而返程途中的画面，视觉上就给人一种开阔明朗的感觉。

教师点拨：在这里，作者运用了画面前后的对比变化，以此来暗示主人公在寻宝途中不同的时期经历的艰险，以及寻宝前后所产生的不同心境，令读者们不得不叹服，尤里·舒利瓦茨的确是一位擅长运用画面叙事的高手。

12. 出示绘本第二十三页，邀请刚刚朗读这句话的同学继续朗读：偶尔，有人会让他搭车，不过大多数的路都得靠他自己走。

（1）出示前面的搭车图、文，与这里的图文进行对比。

（2）师生展开讨论：为什么同样的文字，刚才的画面画的是搭车，这里的文字画的是走路。

13. 出示绘本第二十四页：最终，他回到了自己的小镇。

当他有了梦想，历尽艰辛回到自己的小镇，细心的同学将会发现这里的画面跟之前变得不一样了——整个环境变成了暖色调，人物的样子，甚至天空等等都发生了积极的变化。此时此刻，艾萨克对生活有着无限的憧憬和希望。

14. 出示绘本第二十五页：一回到家，他就在家里的炉子下面挖了起来。他在那里找到了宝藏。

（1）请同学们猜一猜：宝藏是什么？

（2）交流。

15. 出示绘本第二十六页：

为了感恩，他盖了一座教堂。在教堂一角，他挂上了一句格言：有时候，人必须远行，才能发现近在咫尺的东西。

16. 出示绘本第二十七页：

艾萨克送给卫兵队长一颗无价的红宝石。在以后的日子里，他过上了富足的生活，再也不受穷了。

（1）请同学们再猜：此时此刻你觉得宝藏究竟是什么？

（2）讨论：墙上的格言，应当如何理解？

板块三：思考感悟，解密宝藏

1. 回到绘本第一页：从前有一个人，他的名字叫艾萨克。思考：为什么这一页只有文字，而没有画出艾萨克的形象？指名学生交流。

2. 结束语：世界上的每一个人，都有一个宝藏正在等着你，它就在那里。于是我们找啊找啊，寻找本身不是目的，寻找永远只是一条路，寻找是为了抵达，抵达那个获得宝藏的方式而已。也许有的人会爱上"寻找"本身，并创造一个又一个上路的机会。但也有一些人，他们最终找到了属于自己最珍贵的宝藏——让心回到它最初的原点，找到了另一个更美好的自己。祝愿同学们能像艾萨克一样，倾听自己的内心并勇敢地去追随它，最终发掘到那埋藏许久的宝藏。

板块四：走进作者，拓展延伸

1. 介绍作者人生经历。

尤里 1935 年出生在波兰华沙，3 岁开始学习绘画，和其他孩子不同的是，他终生再没有放下过画笔。二战爆发后，4 岁的尤里跟随家人离开华沙，开始了长达 8 年的逃亡生活，而华沙被战火无情蹂躏的画面，成为他小时候最深刻的记忆。逃亡期间，尤里总是依靠阅读和绘画来度过艰难的时光，这也是为什么后来他创作的作品，总是能够帮助孩子们用想象力填补贫乏的生活，陪伴孩子们度过无聊乃至艰难时刻的根本原因。

15 岁时，尤里全家搬到了以色列的首都特拉维夫，他成为当时特拉维夫博物馆有史以来最年轻的参展画家。24 岁时，他来到纽约，开始为许多希伯来语图书绘制插画。某一次在打电话时随手画下的涂鸦，启发了尤里开始自行创作图画书的想法。1963 年，他出版了第一本图画书《我房间里的月亮》。1969 年，他与人合作的《傻子与飞船》获得了凯迪克金奖，此后他还获得了三次凯迪克银奖。

77 岁的尤里现今仍居住在纽约，在大学里教授绘画和设计课程。与此同时，他用自己的人生经验不断激励着年轻的后辈：只要坚持梦想，就能心想事成。

2. 推荐阅读作者其他作品：《黎明》《下雪了》。

理解并认可情绪

——绘本《生气的亚瑟》导读设计

【导读目标】

1. 通过师生共读绘本，分角色扮演和体验，引导学生结合图文用心观察并合理想象，感受生气的危害性。

2. 在享受阅读乐趣的同时，懂得在生气时能合理地控制情绪。

【课前游戏】

邀请一位同学根据词语卡片做情绪表情，其他同学猜测心情。预设：开心，惊吓，悲伤。

【导读过程】

板块一：观察绘本封面，引发阅读期待

1. 屏幕上出示绘本封面，引导学生仔细观察画面中的小男孩，并猜一猜他是怎样的心情？

预设：学生从亚瑟的动作、神态和周围事物的景象得出他在生气的结论。(课件相机出示：生气)

2. 课件出示主人公名字：亚瑟。同学们，他现在正在生气，你有什么想说的或者想问的吗？

板块二：师生共读绘本，体会人物心理

过渡：教师在大屏幕上投射绘本，师生共读绘本。同学们，亚瑟到底遇到了什么不开心的事情呢？带着这些疑问，我们一起打开绘本。

1. 师生共读：

从前，有一个男孩儿，他的名字叫亚瑟。

有一天晚上，他想看美国西部牛仔片，不肯睡觉。

"不行，"妈妈说，"太晚了，去睡觉。"

亚瑟说："我要生气啦！"

"你就生气吧。"妈妈说。

2. 这个时候，亚瑟的房门被一个人打开了，你们猜是谁？

（1）引导学生通过观察人物的动作、神态等揣摩心理活动。亚瑟的妈妈会带着怎样的心情说些什么呢？学生交流。

（2）追问：同学们你们生气的时候会做什么事情？学生交流。

3. 师生共读：

亚瑟开始生气，非常地生气。

他气得好厉害，他的气化作一片乌云，爆发成闪电、雷和冰雹。

妈妈说："够了够了。"

可是，够了吗？

齐：还不够。

亚瑟的气形成强劲的旋风，掀走了屋顶，掀走了烟囱和教堂的尖塔。

可是，够了吗？

齐：还不够。

亚瑟的气转为了台风，把整个城市扫进大海里。

爷爷说："够了够了。"

亚瑟的气引起地球一阵颤动，地球的表面裂了，像被巨人敲破的蛋壳。奶奶说："够了够了。"

可是亚瑟他觉得够了吗？

齐：还不够。

亚瑟的气变成了一场宇宙大爆炸。

地球和月球，大大小小的恒星和行星，亚瑟的国家、城市和街道，他的家、庭院和卧室，都只剩下小小的碎片，在太空中漂浮。

亚瑟坐在火星的碎片上想，他想了又想。

4. 提问：猜一猜，此时亚瑟会想些什么？

板块三：探究生气原因，感受生气后果

1. 出示绘本：

他问自己："我为什么这么生气？"他想不起来了。你呢？

（1）分角色朗读：邀请四位同学分别扮演妈妈、爸爸、爷爷、奶奶，其他同学旁白。

（2）四人小组讨论亚瑟生气的原因。预设：不让看西部牛仔、没有家人的安慰和家人的不理解。

（3）联系自身生气的时候，最需要的是什么？预设：家人的理解、关心。

2. 通过游戏感受亚瑟的生气和带来的严重后果。

（1）邀请四位同学，我们来玩一个游戏，你觉得亚瑟有多生气，就给气球打多大的气。

（2）师生配合朗读生气部分绘本。注意观察学生的反应，随机采访学生内心怎样？为什么害怕？

3. 训练说话。此时此刻，我想对亚瑟说……

板块四：绘本拓展延伸，懂得控制情绪

1. 联系生活，展开思考：同学们，你们能否作为知心朋友去给亚瑟一些消气的办法，让亚瑟高兴起来？

2. 拓展绘本《菲菲生气了》，聊一聊菲菲是如何消气的。

比较亚瑟和菲菲，共同点和不同点。预设：共同点都是生气，不同点最主要是菲菲消气的方式和亚瑟不一样。

3. 联系自身。每个人都有生气的时候，此时此刻，我想对自己说……

板块五：课堂小结

在生活中，生气是正常的情绪反应，人人都有生气的时候。但我们要学会控制自己的情绪，要用合适的消气方式，愿我们每天都能开心、快乐！

让儿童以思考的眼光看世界

——《从前有一只老鼠……》教学实录

【导读目标】

1. 借助故事，理解"大"与"小"、"强"与"弱"之间彼此依托、相互转化的关系。

2. 关注图画细节，能从中发现问题，并展开思考和讨论。

3. 尝试续编故事，深化对"大"与"小"这对哲学命题的理解。

【课堂现场】

板块一：从封面切入，激发哲学兴趣

师：今天，陆老师给大家带来了一本绘本。我们一起来看封面，请你们仔细观察，说一说都看到了哪些内容？

生：我看到了一只大狮子。

生：我看到了草丛中有一只老虎。

生：我看到了一只小老鼠。

师：眼睛真亮，在哪里？你能不能给大家指一指？

（学生指一指）

师：同学们，你们看到这只小小的老鼠了吗？谁还能来说一说你都看到了什么？

生：一只大老虎在看上面的东西。

师：你会观察动物的表情。

生：他在看他自己的倒影。

师：除了能看到这些图画，你还能看到什么？

生：还能看到作者玛西亚·布朗。

生：我看到了翻译家，是漪然。

生：我还看到了出版社，是南海出版公司出版。

师：看来通过一个封面，同学们就能获取很多的信息。这本绘本叫做从前有一只老（　　　）？

生：老虎。

生：老鼠。

师：是一只老鼠，刚刚我们已经找到了这只老鼠，还有一个省略号，省略号又会告诉你什么呢？

生：可能省略了小老鼠的一些故事。

生：可能是老鼠和老虎之间发生矛盾了。

242

生：可能老虎变成了一只老鼠。

师：真会想象，仿佛给我们打开了另一扇思维的大门。这到底是一个什么故事呢？跟着陆老师一起打开绘本。

板块二：讲述故事，感受哲学问题

屏幕出示：

一天，一位隐士坐在树下，思考着万物的大和小——

师：板贴隐士，这就是"隐士"，一说到隐士，你能否想起一首和隐士有关的古诗？

生：《寻隐者不遇》。

师：我们一起来背一背。

生：松下问童子，言师采药去，只在此山中，云深不知处。

师：通过这首诗，你能知道什么是隐士吗？

生：应该是在深山里隐居起来的人。

师：的确可以这样理解。

屏幕出示：

这时，他忽然看见了一只小老鼠，小老鼠眼看要被一只乌鸦抓住了，隐士赶紧……

师：同学们，老鼠马上要被乌鸦抓住了，隐士会赶紧怎么做呢？心里又会想些什么呢？

生：我认为他会去救那只小老鼠。

生：乌鸦真大，老鼠真小。

师：可能当时隐士也是这么想的。

生：隐士会赶紧去救小老鼠。

师：说明你是一个充满爱心的人。

生：隐士可能把老鼠和乌鸦都饲养起来了。

师：也有这种可能，不排除在外。这些都是大家的猜想，我们继续往下读绘本。

屏幕出示：

把这可怜的小东西，从乌鸦的利嘴下抢了过来，然后就带着它……

回到了自己的林中小草屋。他给小老鼠拿来一些牛奶和谷粒，安抚着它。可是，当心！

一只大猫直奔小草屋而来，猫的胡须直立，尾巴翘得老高。

不过，隐士除了会打坐，还会很多法术。

师：请同学们放开你的想象，接下去隐士会施什么法术呢？

生：变形法，有可能把猫变成了老鼠。

师：想象力真丰富！我们等下验证一下是不是如你所想的。

生：幻象术，其实由老鼠变成的猫是一只假猫。

生：还有隐身术，把老鼠和他自己一起隐身了。

生：还有催眠法。

师：看来我们班同学的思维都很敏捷。这隐士到底施了什么法呢？我们往下阅读绘本。

屏幕出示：

一看到小老鼠就要大难临头，隐士立刻用法术把它变成了一只更强壮的猫。

师：刚刚这只黑猫的尾巴、胡子是怎样的？现在又变成如何了？请你分别说一说。

生：刚才黑猫的尾巴是翘起来的，现在尾巴耷拉下来了。

生：刚刚胡须是直立起来的，现在垂下来了。

生：这只黑猫心想得赶紧逃跑了。

师：请同学们仔细观察这两只猫，你能不能猜一猜两只猫各自内心会想些什么呢？这只黄猫也许会想？这只黑猫又会想什么？

生：黑猫见了之后心想："比我还强大，我还是赶紧逃跑吧。"

生：我觉得黄猫："现在我终于比你大了，我要好好教训你！"

生：我仔细看了黄猫的表情，仿佛在说："哼，你这只黑猫，平时都是你欺负我的！"

师：你观察得真仔细，能注意黄猫的神态。

生：黑猫会想："刚刚还是一只老鼠，怎么就成为一只大猫了？"内心都吓傻了。

生：这只黄猫会想："刚刚我还是一只老鼠，现在是一只猫了，终于咸鱼翻身了。"

师：总之，这只黑猫不再如之前威猛，而是变成弱小的黑猫了。谁知——

屏幕出示：

这天晚上，一只狗在森林里汪汪乱叫，可怜的猫咪吓得钻到床下簌簌发抖。隐士顾不上去想大和小的问题……

又把猫变成了一只大狗。可没过多久，来了一只饥饿的老虎……

老虎在森林里四处觅食，一下子撞见了隐士的大狗。幸亏，隐士就在不远处，这样——他一挥手，立刻把大狗变成了一只无比强壮、威风凛凛的大老虎。

这下子，别提大老虎有多得意了！

它整天在森林里晃来晃去，对其他小动物作威作福。

隐士把一切都看在眼里，他狠狠地教训了老虎："要是没有我，你不过就是一只可怜的小老鼠，都不知道能不能活到现在。别那么自以为是！"

老虎顿时恼羞成怒，把隐士对他的种种恩德忘得干干净净。

"谁敢说本大王从前是一只小老鼠，我就吃了他！"

师：同学们，你们猜一猜，接下来的故事情节如何发展？

生：我觉得隐士会把大老虎变回一只小老鼠。

生：我觉得老虎把隐士给吃了。

师：也有这种可能。

生：有可能隐士把自己变成一只狮子。

生：隐士可能会对老虎说，你本身就是一只老鼠。

生：隐士可能会把老虎变成一只烤鸭，然后吃掉了。

师：这个脑洞可真大！我们接着读绘本。

屏幕出示：

> 隐士早已看出了老虎的心思。
>
> "你这个忘恩负义的东西！回森林里去，继续做你的老鼠吧！"
>
> 一眨眼，趾高气扬、威猛无敌的大老虎，又变回了一只胆战心惊、簌簌发抖的小老鼠。
>
> 小老鼠跑进森林里，再也没有出现过。隐士又坐在树下，继续思考着万物的大和小……

板块三：回顾绘本，深化哲学思考

师：同学们，整个绘本故事讲完了，现在我要考考大家的记忆力。在隐士的法术下，小老鼠经历了哪些变化过程？自己先想一想，然后同桌之间相互交流。

（学生回忆，同桌交流）

师：今天，陆老师把这几个小动物也请到了现场。下面，想邀请一位同学来黑板上摆一摆这些动物。

（学生板贴动物顺序）

师：她摆得正确吗？

生：正确。

师：根据这个逻辑，如果隐士没有把老虎变回一只老鼠，那这个故事接下去又会怎么发展呢？

生：它会一天一天把森林里的动物都吃了，最后没有东西吃了。

生：它离家出走，然后在水中看到了自己的影子，又想起了隐士对它的好。

生：它会把隐士吃了。

生：会变成一只大狮子，比老虎更大的动物。

师：老鼠变成猫，猫变成狗，狗变成老虎，也就是说它会越变越大，越变越强。隐士一直在思考着万物的大和小。同学们，你觉得隐士的心里会想大与小的哪些问题？

生：世界上最大的事物是什么？

生：世界上最小的事物是什么？

生：小的东西一定比较弱吗？大的东西一定强吗？

生：世界上万物的"大"和"小"是一种怎样的关系呢？……

师：看来同学们有读心术，和隐士一样都很会思考问题。你觉得老鼠、猫、狗、老虎、隐士……谁最大，谁最小？

生：我觉得老虎最大，老鼠最小。因为从外形上看老虎最大，隐士和老虎相比，也是老虎大。

生：我觉得隐士最大，老鼠最小。因为只有隐士才能把老鼠变得越来越大。

师：说得都很有道理。那如果把这些动物、隐士都放在宇宙之中，你又觉得谁最大，谁最小呢？

生：我觉得人最大，微生物最小。

生：我觉得蓝鲸最大，微生物最小。

生：我觉得宇宙最大，微生物最小。

师：先不急着告诉大家对与错。我们一起来玩一个游戏。陆老师出示一条鱼，请同学们来猜一猜这条鱼是大还是小。

生：小鱼。

生：大鱼。

师：我听到了两种声音。

（媒体出示小鱼）

师：你觉得是一条什么鱼？

生：大鱼。

师：继续猜一猜，这又是一条大鱼吗？

生：小鱼了。

师：我们重新回到前面隐士一直在思考着的大和小的问题，通过刚刚我们玩的游戏，对于大和小你能获得什么启示呢？谁能用一句话来说一说？

生：我觉得大和小是相对的。

师：陆老师邀请你到讲台上，把这句话写到黑板上。你能不能和大家解释一下这句话。

生：因为这条鱼和一条比它大的鱼相比，它就是小鱼。如果和一群比它小的鱼相比，那么这条鱼就是大鱼。

师：其他同学能理解她的观点吗？你真是一位小小哲学家。这句话就专属于你了，以后同学们要用到这句话就要征询她的意见哦。

师：也就是大和小是相对的，世界上有绝对大的事物吗？有绝对小的事物吗？刚刚同学说，微生物是最小的事物，对吗？

生：不对，还有比微生物更小的事物，只不过我们肉眼看不见。

师：刚刚有位同学说：隐士最大。陆老师觉得也没有错。这是为什么呢？

生：虽然隐士的外形没有比老虎大，可是他有法术，仍然比老虎强大。

师：你也是一位了不起的哲学家，智慧在你头顶闪耀！虽然隐士的身体比老虎小，可是隐士的法术，隐士的智慧却比老虎强大。同样，你能不能写一句启示？

生：小的事物不一定弱，大的事物不一定强。

师：我们不仅仅发现了大小的关系，不知不觉中又发现了强弱和大小的关系。你们真了不起，为自己鼓鼓掌。在宇宙之中，所有事物从外形看是没有绝对的大和绝对的小，可是从内在看，什么是最强大的？

生：智慧的力量。

师：其实，绘本中还隐藏着很多哲理，陆老师把绘本发给大家，请同学们安安静静地阅读绘本，看完之后写一句属于你自己的启示。

（学生写启示，展示作品。）

板块四：课外拓展，小结课堂

师：同学们，你们有没有发现这本绘本绘画风格和以往读到的绘本有些不一样？这本绘本是木版画风格，我们一起来了解下什么是木版画。

播放微课：

　　木版画用实木作为基层，在其上用手绘或者特定的成画设备制作出各种不同的图案，使其有不同的风格。在近代印刷术兴起之前，它是唯一可借雕版刷印大量复制的艺术传播形式；在有了近代印刷甚至现代印刷之后，木版画的社会职能虽然明显地缩小了，但是并没有完全退出历史舞台，仍以其特有的魅力流传于世。

师：这节课我们知道了宇宙当中大和小、强和弱是相对的，这就是哲学。你们很了不起，是天生的哲学家。哲学是一门给人智慧的学科，它会让我们的生活更充实，更幸福。随着同学们的成长，会渐渐明白这些哲理，在接下去的绘本课中，陆老师将继续带领大家探寻哲学的奥秘。

唤醒思辨的耳朵

——评陆智强老师的哲学启蒙绘本课《从前有一只老鼠……》

杭州市未来科技城海曙小学　王艳霞

一位隐士在树下打坐，思考着万物的大和小。突然，他的思路被一只亡命而逃的小老鼠打断了。隐士心生恻隐，不仅从乌鸦的利嘴里救下小老鼠，而且一次又一次地施展自己的法术，将老鼠进行不同的变形，以对抗森林里那些更强壮的动物。小老鼠先后变成猫，变成狗，直至变成威风凛凛的大老虎。然而成为百兽之王之后，这只曾经的小老鼠内心膨胀了，它趾高气扬地宣称："谁敢说本大王从前是一只小老鼠，我就吃了他！"隐士生气了，一挥手就将它重新变回了一只胆战心惊、簌簌发抖的小老鼠。

这是绘本《从前有一只老鼠……》的故事情节。这个绘本所隐喻的不是"农夫与蛇"的忘恩负义，而是一个宏大的哲学命题——"万物的大和小"。如何摒弃艰深的说教和晦涩的灌输跟小学二年级的孩子探讨辩证哲学呢？陆智强老师选择了这个绘本作为媒介，同时在绘本的导读策略上，选择了教师朗读为主贯穿课堂，风过无痕地唤醒了孩子们思辨的耳朵。

一、基调：讲故事般的朗读

《从前有一只老鼠……》属于叙事性的儿童文学绘本。从题目中的"从前"二字亦可推测，这是一个民间故事绘本。事实上，作者玛西娅·布朗创作这个绘本的灵感，来自印度的一个民间故事集——《五卷书》。《五卷书》为后人所记录，包含了在古老的国度里最了不起的智者给王子随性讲述的智慧故事。所以，这个绘本基本可以定性为：民间故事类的儿童文学绘本。

绘本朗读方式的选择，当然需要考量它的题材风格、叙事方式以及语言特点，等等。譬如，写景抒情的绘本，诵读为佳；科普探索的绘本，默读为宜；情节跌宕的绘本，讲读或者演读最为恰当了。尤其是民间故事风格的作品，宜于生动、活泼、口语化的"讲述"。陆老师多年潜心研究朗读，自然深谙此道，因此，他在课堂上化身讲故事的"智者"，将绘本文字分为几个环节，一个人声情并茂讲读下来了。

讲故事般的朗读，在课堂上营造出了一个富有魔力的"场"。此时的课堂仿佛变成了一座郁郁苍苍的森林，孩子们和"智者"围坐在一棵遮天蔽日的大树底下，开启了一场思辨之旅。这样，既照顾到了二年级孩子因识字有限可能导致朗读出现阻隔的困难，也小心翼翼地保护了这个绘本作为民间故事的整体基调。

二、节奏：顺应情节张力的朗读

《从前有一只老鼠……》这个绘本中，所有的页面都采用了跨页设计——即打开的左右两页合起来表现了一个完整的场景，这就使得画面的视域显得非常开阔，同时简短的文字与画面相得益彰，呈现出一种扣人心弦的张力。

为了突出故事情节发展的转折与起伏，绘本故事的文字也作了特殊处理，往往在句子的中间断开，将句子的后半部分，也就是情节的转折变化呈现在下一页上，用这种方式勾起读者的阅读期待，并推动读者翻开下一页。对于绘本这种文字排列的特点，陆老师在朗读时，也做了一些独到的处理。

比如题目的朗读，陆老师的呈现方式很是巧妙，富有创意，既激发了求异思维，又凸显了故事的趣味和意味——

从前，有一只老(　　　)？（学生：老虎；老鼠）

从前，有一只老鼠……（学生：省略号可能省略了小老鼠的一些故事；可能是老鼠和老虎之间发生矛盾了；可能老虎变成了一只老鼠。）

再比如，对整个文本结构节律的把控，陆老师的讲读也始终与故事主轴相应和。在"隐士赶紧、可是当心……"等情节处通过有意停顿，实现悬念的保持和拉抻；在"这天晚上，大狗变成老虎作威作福"的时候，通过配乐渲染、加快语速、提高音高，构筑一个起伏波澜的情境；在"隐士把大老虎变成小老鼠"的大结局之处，一气呵成不做停留，干净利落而余韵袅袅。这样的朗读节奏处理，有效地实现了学生的审美节律和故事推进的同频共鸣。

三、指向：图文合奏的朗读

绘本中的"图"，是用来解释、澄清文字或者与文字互相解释、互相澄清的，担负着传递大部分信息的功能。所以，绘本的朗读不应仅仅关注文字信息，而要更多地关注图画信息。值得一提的是，同一个绘本，主旨指向不一样，所聚焦的图文应该也是不同的。

很显然在这堂课上，陆老师把绘本《从前有一只老鼠……》定位于哲学启蒙，其主旨提炼为"万物的大小强弱都是相对的"，这是一种辩证的思维。因此，陆老师朗读的指向意在通过图文合奏的引导以及前后勾连的比较，带动学生的辩证思维向青草更青处漫溯。例如，关于"黑猫变化"的观图、朗读与思辨，有如下环节：

师：刚刚这只黑猫的尾巴、胡子是怎样的？现在又变成如何了？请你们分别说一说。

生1：刚才黑猫的尾巴是翘起来的，现在尾巴耷拉下来了。

生2：刚刚胡须是直立起来的，现在也垂下来了。

生3：因为这只黑猫心想得赶紧逃跑了。

……

师：总之，这只黑猫不再如之前威猛，而是变成弱小的黑猫了。

让学生感受到黑猫的前后不同，教师再趁势朗读"这天晚上，一只狗在森林里汪汪乱叫，可怜的猫咪吓得钻到床下簌簌发抖。隐士顾不上去想大和小的问题……"之时，学生入情入境，猜测情节走向也是脑洞大开，最终水到渠成地感悟到了：每一个"大"，在更大的事物面前，就变成不堪一击的"小"。

略有遗憾的是，陆老师这堂课的结课部分因着眼于哲学的思辨，链接了关于大鱼和小鱼的探讨，而没有给予学生朗读的空间和时间。如果老师讲读了整个绘本，也让学生自主选择一两个画页在课堂上进行朗读表现，也许会收获"一棵树摇动另一棵树，一朵云推动另一朵云"的惊喜吧。

第十辑

儿童朗读课程的路径培养

朗读有一股神奇的力量，它可以穿越千山万水，让我们聚合并激发成长；朗读也有一种让人着迷的魅力，让我们始终怀有一颗敬畏之心。儿童朗读课程的最终目标和最高境界乃是让儿童成为真正的审美的朗读主体——朗读者。因此，朗读基于儿童，朗读通过儿童，朗读为了儿童。

儿童朗读课程的培植与生长

如果说每一次朗读都是自我重塑的过程，那么，用心走的每一步都在与美好重逢。这五年，我一直和团队的老师们乃至全国各地热爱朗读的孩子、老师、家长一起徜徉于朗读的世界。五年来，我们不断探索适合中国孩子、中国教师和中国家长的朗读方法和路径，以及汉语的朗读区分于其他语言的丰富美感和多重境界。五年来，我们始终坚信通过朗读优秀的文学作品，培养儿童审美鉴赏能力，启迪儿童智慧，润泽心灵，获得文学滋养、美学浸染和道德引领，从而提升儿童综合素养。如今，儿童朗读课程犹如一棵参天大树，拔节生长，枝繁叶茂。

在《中国孩子的朗读手册》第三辑中，我详细论述了儿童朗读课程的培养目标、实施路径、课程内容等板块。例如，儿童朗读课程内容分为朗读技能训练、朗读亲子体味、朗读品德涵养、朗读重温经典、朗读艺术鉴赏及朗读成果展示六大板块。《"朗读吧"课程纲要》为朗读课程进入儿童学习的实践层面呈现了范本和要项，让一线老师知道朗读课程在小学阶段的实施是完全可能的；"和孩子一起上朗读课"则通过教学方案的形式完整呈现了教师如何在课堂上教给孩子朗读的技巧，体验朗读的多种策略和方法，感受朗读是如何表达感情的，朗读是如何帮助我们去触摸文字的温度，以及朗读本身的趣味，朗读又是如何打开了我们心灵的空间。这些内容在此不再一一赘述。五年的深耕与细作，儿童朗读课程尤其在"课程资源的持续开发""课程实施的丰富样态""课程评价的积极探索"上不断淬炼，不断突破。下面，我重点围绕这三个板块与大家交流目前取得的阶段性成果。

一、课程资源的持续开发

1. 不同文学作品的音频录制

我在个人公众号上，开设了"和陆老师一起读"栏目，将统编版语文教材中的课文进行录制、配乐并上传，鼓励每一位儿童和陆老师一起大声地朗读。据了解，很多同行教师将此音频下载作为教学资源。还有家长在留言中表示：孩子在预习课文时，一边收听，一边跟着朗读，在潜移默化中提升孩子的朗读能力。其实，在公众号的后台时常能收到全国各地老师、家长、孩子们的留言，鼓励、肯定的话语令我倍感温暖。有时因为事务繁忙耽搁了几天，便有孩子在后台催促道："陆老师，我们想你的声音了。"看着每一篇不断增长的阅读量，看着素昧平生的留言，为儿童朗读做些有意义的事，我愈发坚定。在 2020 年上半年，我和特级教师闫学老师合作录制了小学生必背古诗文 75 篇。我们通过儿童喜闻乐见的方式，以儿童化语言的有声讲解，激发儿童朗读古诗文的兴趣。作为擦星儿童绘本阅读课程核心团队中的一员，我与团队其他老师一起，利用暑期休息时间，借助电视台的专业录音设备，录制了 150 多个高质量的经典绘本音频，供孩子和家长们使用，这也成为儿童朗读课程资源建设中非常重要的一部分内容。此外，我还参与录制了小学生名家文学读本，多角度、多层面地予以导读，使孩子们能细致、深入地思考。这期间，还组建了一支儿童朗读者队伍，带领孩子们利用空余时间录制经典文学作品。

以上所提到的朗读音频有的已经在公众号上发布，有的即将通过各种网络媒介陆续发布。纯净的声音，真诚的表达，让我不断感受到儿童朗读课程的意义和价值。

2. 朗读指导微课的系列制作

统编教材和人教版教材相比，教材编写者将每一学段的朗读目标进行分解、细化，并在不同的课文中加以落实，特别是在课后练习中清晰地呈现出来，不仅让教师教学有章可循，更重要的是通过教学为学生构建起完整的朗读体系，为提升中高段的朗读能力奠定基础。我和团队的老师针对第一学段中有关朗读能力的训练要素进行了梳理。例如，统编语文一年级上册《秋天》一课训练学生注意读好"一"的不同读音；一年级下册《我多想去看看》重点指导学生注意读好带感叹号的句子；一年级下册《端午粽》《彩虹》等课文指导学生读好长句子；二年级上册《小蝌蚪找妈妈》《雾在哪里》等课文则培养学生分角色朗读能力。我和团队的老师们观照并研读《语文课程标准》和教材的序列编排，一起研发了系列儿童朗读指导微课。例如，王学琦老师结合课文《大象的耳朵》设置"技巧讲解""难点点拨""巩固提升"等流程指导孩子们从"语调上扬，读出疑问的语气""抓住疑问词""思考疑问从哪里来，读出具体的疑问"三个方面读好问句。在课余时间，孩子们跟着微课老师，通过自主学习，便能习得朗读技巧，在反复练习中提升朗读能力。

3. 配乐素材库的建立

我们都知道配乐和文字巧妙地融合，有利于朗读者将作者的情思、朗读者的感受相互激发，生成超强的感染力和穿透力。然而，很多教师或家长在配乐素材的选取上一筹莫展。在过去的五年里，我和团队的老师不断挖掘，集聚大量的配乐素材，同时也邀请专业的配音师独家制作了一批素材。这些配乐素材按照作品的主题、文章的主旨、文体的特征等角度进行分类。今后，我会通过公众号以合适的方式分享给大家。

4. 儿童朗读篇目的分级推荐

在《中国孩子的朗读手册》第四辑中，我推荐了大量适合朗读朗诵的篇目，这些作品大都是从艾青、冰心、金子美玲等名家经典作品中选取，也有《声律启蒙》《笠翁对韵》《增广贤文》等经典诵读篇目。灵动的文字，传神的表达，经受历史的洗礼，岁月的涤荡，穿越时空的限制，依然脍炙人口，深入人心。另外，我在整理时根据作品的内容、学生的识字情况、理解能力、生活经验等，适当地按照低段、中段、高段进行归类以便师生、家长朗读。

二、课程实施的丰富样态

1. 班班共读，朗读的常态化

儿童朗读能力的培养或者朗读兴趣的激发并不是一蹴而就的，而是在各种活动锻炼中不断提升的。在过去的五年时间里，我率先在自己班级开展"一平米朗读台"活动。每天利用语文课前三分钟，邀请孩子们以自己喜欢的方式朗读文学作品。随着时间的推移，在实践中不断反思，不断总结，并逐渐建构起一套操作系统。例如，在学习古典名著单元时，我们设置了"一平米朗读台·四大名著季"，孩子们朗读的素材均取材于四大名著；我们还设置了"一平米朗读台·散文季"，孩子们朗读的素材均来自冰心、巴金、冯骥才等名家的散文作品。通过主题式推进，让孩子们在不同的声音里，寻找到属于自己的精神天地。在展示形式上，既可以单独展示，也可以以小组合作的形式进行朗读。在这种情况下，孩子们往往会提前分工、排练。从一开始出场的报幕到最后谢幕，简短的三分钟变得不简单。如今，孩子们最期待的就是课前三分钟的精彩朗读。

后来，我逐渐将"一平米朗读台"向全校乃至其他学校推广。其实，"一平米朗读台"坚持一天不难，甚至坚持一年也不难，难的是从今往后一直读下去。只要你始终坚信：我们教孩子去热爱和渴望，远比我们去做重要得多。

2. 线上交流，时空的延展性

（1）相约读书吧

读书，仅有爱是不够的。每周三夜晚，我和团队的老师们借助沪江网、公众号等平台以直播的方式开设绘本导读课，和全国各地的老师、家长、孩子"相约读书吧"。参与直播的老师会提前设计好导读课和相应课件，运用"猜一猜""读一读""写一写"等导学活动，激发儿童阅读期待，引发儿童深入思考。转眼间，"相约读书吧"已经走过了三年多的时光。在这期间，我不断坚信并感受着读书带给我们的力量。孩子们的语言能力在潜移默化中提升，表达时思路更加清晰，甚至孩子们的思想、性格、行为都在悄然中变化。有位孩子在日记中写道："我在阅读的时候，不仅仅看到了页面上的文字，我还看到了自己赋予文字的东西，以及我和书本的故事。"随着活动的持续开展，"相约读书吧"直播间逐渐成为孩子们阅读、交流的主阵地。

（2）公益直播课

央视主持人董卿曾在《朗读者》节目中这样问：您有多久没朗读了？很久了吧。很多人都认为：朗读，只是学生的必修课，它只属于一小部分人。其实，朗读属于每一个人。在过去，很感谢"中国教育报好老师"的邀请，使我能在相关平台进行直播，相继推出"儿童朗读的十大禁忌""朗读和朗诵的区别""不同文体的朗读要领""亲子朗读有哪些方式""如何自如地发声""我这样设计儿童朗读课程"等公益直播课。在和来自不同地域的老师、家长、孩子的交流中，我了解到朗读课程实施的多种样态和最佳路径以及当下儿童朗读课程、朗读教学等所面临的困境。朗读有一股神奇的力量，它可以穿越千山万水，让我们聚合并激发成长；朗读也有一种让人着迷的魅力，让我们始终怀有一颗敬畏之心。现在回想起那无数个相聚在直播间的夜晚，虽无丝竹管弦之盛，一个个枯燥的文字却足以成为有温度和情感的倾诉。

3. 系列活动，助力朗读推广

（1）"当春乃发声"活动

用心吐字，为爱发声。在每年的春天，我和杭州市学趣文化创意有限公司、杭州市大视野教育图书有限公司联合举办"当春乃发声"朗读比赛。每一届的比赛，都会收到来自全国各地上千份朗读作品。选手们饱含深情的朗读，或慷慨激昂、或深情款款，再加上与之相辉映的背景音乐，真正让人沉浸于朗读的海洋。"愿你被很多人爱，如果没有，愿你在寂寞中学会宽容……"，声音里，这是一位母亲对孩子深情的渴望；"让我把花束，把香气，把亮光，温暖和露水撒满你们心的空间"，声音里，这是一位孩童对未来的憧憬；"正因为虚之后有盈，所以便充满希望，正因为盈之后有虚，所以便知道满足"，声音里，这是一位长者的感慨……而在声音的背后，更让我感动的是：大家对朗读始终怀有一颗敬畏之心，将复杂的情绪朗读出声音，仿佛这个世界也变得简单纯粹。

（2）二十四节气朗读会

二十四节气朗读会已走过三年。期间，我和孩子们以汉字为翅膀，穿过诗歌伟岸的丛林，饱览传统文化的魅力。我们在"立春·序曲"诗会中拉开春的序幕；我们在"雨水·新生"诗会相遇，在"小满·成长"诗会相识，在"立秋·树人"诗会相知，在"大寒·养气"诗会相惜。

"老师，这一次我想当主持人！""老师，这一次我想和陈诺一起朗读汪曾祺的《夏天》！""老师，这次我负责布置教室。""老师，这是我设计的海报。"朗读诗会还没开始，孩子们便抢着分工，热火朝天、并然有序地开始准备起来。有的孩子利用课余时间找朗读篇目，相互探讨如何朗读，有擅长绘画的孩子三五成群组织在一起商讨本次朗读诗会的海报；有些手巧的孩子们围坐在一起制作邀请函，转眼间，一份份小巧精美的邀请函便在孩子们的手中诞生了；还有的孩子在规划着座位的摆放。关于朗读诗会的一切事项，孩子们都在细致、周全地考虑着。终于盼来了夏至这一天，"夏至·绽放"朗读诗会在孩子们的期待中拉开帷幕。陈艺涵同学是本次诗会的主持人，她一上台便和同学们绘声绘色地介绍起立夏的那些知识：夏至，古时又称"夏节""夏至节"。古时夏至日，人们通过祭神以祈求灾消年丰。据《周礼·春官》载："以夏日至，致地方物魅。"……孩子们聚精会神、全神贯注地聆听着，原来"夏至"有那么多源远流长的故事。

接着，孩子们准备已久的诗歌朗读将诗会推向了高潮。有的孩子选取了余光中的《星之葬》，悠扬的音乐将我们带入夏夜浪漫的星空，一起寻找萤火虫的世界。有的孩子则以组合的形式展现《在夏天的田野上》，灵动的文字，传神的朗读，让我们感受夏日田野的万种风情。有的孩子则是古诗新唱，通过吉他自弹自唱《晓出净慈寺送林子方》，"接天莲叶无穷碧，映日荷花别样红"在他的演绎下竟别样精彩。"河里的青荇，柔柔地在碧波里招摇；清清的河水，便荡漾起浅浅的波纹。"蓝蓝的夜，有花开的絮语，有夜莺的啼唱，氤氲着盛夏的故事。每一个节目孩子们都精心编排，每一句诗在孩子们的朗读中熠熠生辉。

作为老师，我想我们不必担心孩子年龄已经太大，不必担心孩子是否还太小，不必担心是否还来得及朗读，更不必担心自己的普通话不标准，我们只需要陪伴孩子尽情地朗读。

（3）朗读吧·亲子阅读

受统编语文教材"和大人一起"栏目的启发，我从 2017 年 9 月开始在公众号上开设"朗读吧"专栏，征集亲子朗读音频。栏目开办至今，越来越多的家长和孩子加入亲子朗读的队伍中。有家长写道："父母子女之间本就是一场渐行渐远的旅程。当有一天，我们的孩子能够自信、独立地投入他所向往的世界，开启他的人生之旅，我想我们应该是欣慰的。但是在这之前，我们又该做些什么？不妨就从亲子朗读开始吧。"还有家长感慨："也许，这是我们与孩子有限的共处时光里，最珍贵的陪伴。我希望我的女儿能骄傲地对别人说：你或许拥有无限的财富，一箱箱的珠宝和一柜柜的黄金，但你永远不会比我富有，因为我有一位读书给我听的妈妈！"

父母的陪伴阅读，是引领孩子跨越绘本、漫画，迈入文字书籍的关键。家长的"读"，还有"推荐、引导"的作用。朗读不是学校布置的听写作业，"陪伴是温暖的，意味着这个世界上有人愿意把最美好的东西给你，那就是时间。"只要你愿意和孩子一起朗读，那就是亲子朗读的意义。父母"帮忙念一点书"的时间，至多拉长到十岁左右；但一起"讨论书"的年龄，却可以延长到无限期。保持亲子朗读的习惯，哪怕有一天老得动不了，和子女还能有聊不完的新鲜话题。

三、课程评价的积极探索

1. 注重过程性评价，凸显评价主体的多元与互动

我通常会采用电子档案袋评定的方式，将孩子的朗读经历、朗读收获等收入档案袋中。通过记录的方式见证他们走过的朗读历程，同时可以起到鞭策作用。原来，还有那么多的有趣的、值得读的书本在等着我们；原来，我们还要在朗读的路上继续前行！

2. 量表在朗读评价中的运用

量表是一种促进学习的工具。我们可以根据朗读内容，事先从不同维度明确需要进行评价的指标，制定出等级化、描述性的评价标准。朗读时，评价者对朗读者的实际朗读情况，逐项给出相应等级评定。例如，统编二年级语文教材对儿童的朗读能力提出了以下要求：分角色朗读，能读出感叹句和陈述句、反问句和陈述句的不同语气，在具体的文本中体会人物的心理并读出相应的语气，带着自己的体会进行朗读。为检测孩子们是

否掌握了不同句式的不同朗读语气，我在期末开展了一次班级朗读会，同时设计以下量表用于评价。

评价等级	启程	途中	抵达	超越
评价要素	☞在老师的帮助下，尝试用普通话朗读。 ☞能读出1种句式所表达的不同语气。 ☞朗读时比较拘谨。	☞能用普通话正确地朗读诗文。 ☞读出2种不同句式所表达的不同语气。 ☞朗读时比较自然大方。	☞能用普通话正确、流利地朗读诗文。 ☞能读出3种不同句式所表达的不同语气。 ☞朗读时态度自然大方，有礼貌。	☞舞台表现力十足。 ☞朗读时充满感情，还带有动作，朗读水平很高。
			评价人：☞老师 ☞同伴 ☞家长	

评价等级分为启程、途中、抵达和超越四个阶段，更加科学地呈现儿童在朗读时的表现。当然，这一过程中不乏儿童超越我们所期待的目标的例子，特此设置了超越一栏。当儿童在朗读时，评价人可以拿着量表通过打钩的方式立即做出及时性评价。通过量表，儿童能清楚地了解到自己需要掌握的朗读技能。而教师借助量表，能及时且清晰地掌握儿童的朗读水平，以便针对性地指导，实现以评促学。

电影《死亡诗社》有这样一句台词："我们读诗，并不是因为它们好玩，而是因为我们是人类的一分子。"在诗歌里，有远方，有风声，有草原，有蓝天，有故事……我的孩子们说："一串串文字从大家的嘴里读出来，就像是一个个生命力旺盛的小精灵，蹦蹦跳跳，充满感情，直达我们的心灵。"

遇见朗读，那就坚守对朗读的情怀和文字背后深深的眷恋。在朗读的旅途中，我们生命中的许多时刻被赋予了非同一般的意义，漫长的旅程变得摇曳多姿，是朴素也是华丽的。

后记　这边风景"读"好

　　当我再一次翻阅书稿时，清晨的曙光正在铺展，天空正展现它深邃而恢宏的气度。诗人纪伯伦曾说："声音不能带走赋予它翅翼的唇舌，它必须独自寻找天空。"这样的天空，我一直在语文课堂上找寻。

　　难以忘记孩子们在卖泥塘时此起彼伏的吆喝声："卖泥塘喽，卖泥塘！"当我们处在美好的童话世界里，享受欢乐的时光或者拥有美好的事物时，孩子们的学习动机被不断激活，朗读一触即发。

　　难以忘记船长那声紧急命令："向海里跳！快！不跳我就开枪了！"声音里既透露着焦急，又十分果断。课堂上，孩子们在还原思维的同时，一位沉着、机智的父亲形象深深地印在了他们的脑海里。的确，"艺术只有当它使用最朴素最简短的方式唤起人们共同的情感时"，朗读也才是好的和高级的。

　　难以忘记孩子们在课堂上向世界发出的最强音："美哉，我少年中国，与天不老！壮哉，我中国少年，与国无疆！"《少年中国说》是有志之士的梦想与追求，如今朝气蓬勃、繁荣富强的中国已成为现实，孩子们振聋发聩的誓言依旧在耳畔激荡。

　　难以忘记在那一抹皎洁的月光下，吴然和阿妈走过月光闪闪的溪岸，走过石拱桥，走过月影团团的果园，走过庄稼和菜地……人世与自然赠予的温情与美景不禁让我们深情流露："多美奇妙的夜晚，我和阿妈走月亮！"

　　……

　　不同文体，其文本的语言特色和创作风格大相径庭。显而易见，把握文体才能夯实朗读的地基。当孩子们把握了文体，采取与之相对应的朗读姿态，也就突破了"一个调""学生腔"的难题。当然，我们理应清楚地认识到，朗读仅仅是一种教学手段，我们不能忽视它的意义和作用，但也不能片面夸大其功效，更不能为了朗读而朗读，使朗读成为形式主义。因此，书中所呈现的课例，仅仅是我的一种视角，一种尝试，一种摸索，一种实践……而已。

也许书中的某些观点有些稚嫩，也许某些教学板块仍需要打磨，但我依旧衷心感谢您！谢谢您用包容、开放的胸怀阅读这本书。

感谢责编施柳柳，以及对本书付出心血的长江文艺出版社的朋友们；感谢众多前辈的支持与鼓励。

伴随着清晨迷人的亮光，让我们诗意地栖居在一节一节语文课上，一起凝望并享受这方"读"好的天空。